CONDOMÍNIOS LOGÍSTICOS E FATORES COMPETITIVOS DA LOGÍSTICA ATUAL

Giselly Santos Mendes

Rua Clara Vendramin, 58 :: Mossunguê
CEP 81200-170 :: Curitiba :: PR :: Brasil
Fone: (41) 2106-4170
www.intersaberes.com
editora@intersaberes.com

Conselho editorial
Dr. Ivo José Both (presidente)
Dr. Alexandre Coutinho Pagliarini
Drª. Elena Godoy
Dr. Neri dos Santos
Dr. Ulf Gregor Baranow

Editora-chefe
Lindsay Azambuja

Gerente editorial
Ariadne Nunes Wenger

Assistente editorial
Daniela Viroli Pereira Pinto

Edição de texto
Tiago Krelling Marinaska
Mille Foglie Soluções Editoriais
Mycaelle Albuquerque Sales

Capa
Luana Amaro (design)
Alba_alioth/Shutterstock (imagem)

Projeto gráfico
Bruno Palma e Silva

Diagramação
Regiane Rosa

Responsável pelo design
Débora Gipiela

Iconografia
Sandra Lopis da Silveira
Regina Claudia Cruz Prestes

Dados Internacionais de Catalogação na Publicação (CIP)
(Câmara Brasileira do Livro, SP, Brasil)

Mendes, Giselly Santos
  Condomínios logísticos e fatores competitivos da logística atual/Giselly Santos Mendes. Curitiba: InterSaberes, 2021.
  Bibliografia.
  ISBN 978-65-89818-79-3

  1. Armazenamento – Preservação 2. Condomínios (Empresas) – Medidas de segurança 3. Condomínios (Imóveis) – Administração 4. Logística (Organização) – Administração I. Título.

21-65270   CDD-643.2068

Índices para catálogo sistemático:
1. Condomínio logístico: Administração 643.2068
Maria Alice Ferreira – Bibliotecária – CRB-8/7964

1ª edição, 2021.
Foi feito o depósito legal.

Informamos que é de inteira responsabilidade da autora a emissão de conceitos.

Nenhuma parte desta publicação poderá ser reproduzida por qualquer meio ou forma sem a prévia autorização da Editora InterSaberes.

A violação dos direitos autorais é crime estabelecido na Lei n. 9.610/1998 e punido pelo art. 184 do Código Penal.

sumário

Apresentação   7
Como aproveitar ao máximo este livro   10

Capítulo 1
Logística
1.1 Conceito de logística   15
1.2 Logística e competitividade   18
1.3 Prestadores de serviços logísticos   21
1.4 Condomínios logísticos: panorama estratégico   25

Capítulo 2
Armazenagem e distribuição
2.1 Demandas atuais da logística: condomínios logísticos como solução   53
2.2 Contextualização dos conceitos de armazenagem e distribuição   55
2.3 Centro de distribuição avançado   60
2.4 *Transit point*   61
2.5 *Cross-docking*   65
2.6 *Merge in transit*   71
2.7 *Hub* logístico   74
2.8 Condomínio monousuário e *flex*   79

Capítulo 3
Segurança do trabalho
    3.1 Introdução à segurança logística   89
    3.2 Segurança do trabalho   91
    3.3 Segurança do trabalho em espaço logístico   104
    3.4 Casos práticos de segurança logística   106
    3.5 Organização e movimentação do espaço logístico   113

Capítulo 4
Operações logísticas
    4.1 Gerenciamento das operações logísticas   127
    4.2 Cadeia de suprimento (*supply chain*)   129
    4.3 Logística *inbound*   133
    4.4 Logística *outbound*   144
    4.5 Movimentação e armazenagem flexível   151

Capítulo 5
Armazenamento logístico e tecnologias da informação
    5.1 Uso das tecnologias da informação em serviços de armazenagem   159
    5.2 Estruturas de armazenagem   174
    5.3 Equipamentos de movimentação   178
    5.4 Armazéns inteligentes   189

Capítulo 6
Relevância de custos logísticos em armazéns
    6.1 Custos logísticos   201
    6.2 Definição de custos logísticos em armazéns   204
    6.3 Tipificação dos custos logísticos em armazéns   207
    6.4 Indicador de desempenho logístico   214
    6.5 Riscos logísticos   229

    Considerações finais   237
    Referências   239
    Bibliografia comentada   247
    Sobre a autora   249

apresentação

O estudo da armazenagem e de seus processos permite compreender como esse tipo de operação atende às demandas dos clientes, garantindo que os produtos solicitados estejam no lugar e no tempo certos, sempre ao menor custo possível e a um elevado nível de serviço.

Nessa dinâmica, o mercado de condomínios logísticos tornou-se muito atrativo a empreendedores da área no cenário brasileiro, pois ainda é baixa a oferta de imóveis desse tipo no país. Poucas são as instalações com localização adequada e estratégica à finalidade de armazenagem.

Convém destacar que a definição do tipo de condomínio é condicionada por vários fatores; entre estes figuram as estruturas de armazenagem e distribuição necessárias ao processo logístico, bem como a segurança dos colaboradores e do espaço, que contribui para a redução de riscos e das consequências decorrentes de um eventual incidente.

Além dos critérios citados, procuramos demonstrar nesta obra as operações executadas em condomínios logísticos, tanto em órgãos públicos como em organizações privadas. Assim, intencionamos que este material lhe auxilie a desenvolver as competências e habilidades necessárias ao bom exercício das atividades da área.

Este livro é de fundamental importância para seus estudos, tendo em vista que o mundo empresarial, âmbito da economia com o qual a logística tem estreita relação, vem sofrendo mudanças cada vez mais rápidas, que demandam respostas flexíveis e resilientes. Nesse aspecto, conhecer as estruturas empregadas em condomínios logísticos constitui relevante instrumento apoiador no estabelecimento de estratégias, bem como auxilia a atuação profissional nessa área.

Esta obra está organizada em seis capítulos, nos quais buscamos abarcar as temáticas basilares da atividade logística, em especial a realizada em condomínios destinados a esse fim.

No Capítulo 1, introduzimos o tema dos condomínios logísticos, enfatizando sua importância, as características mais verificáveis dessas estruturas e os modelos mais utilizados na atualidade.

No Capítulo 2, tratamos mais profundamente das especificidades das principais estruturas de armazenagem e distribuição empregadas em condomínios logísticos, tais como: centro de distribuição avançado, *transit point*, *cross-docking*, *merge in transit* e *hubs*. Em acréscimo, descrevemos suas principais vantagens e aplicações.

No Capítulo 3, direcionamos a abordagem do material para um fator fundamental para os profissionais da área da logística: a segurança do trabalho em armazéns e condomínios logísticos. Nessa parte do livro, elencamos os instrumentos necessários à prática da segurança nos ambientes de trabalho, as especificidades de um espaço de trabalho seguro, os possíveis acidentes de trabalho característicos do trabalho logístico e as normas regulamentadoras da segurança nesse âmbito.

Na sequência, no Capítulo 4, apresentamos formatos de movimentação e armazenagem de logística *inbound*, logística *outbound* e flexível. Ademais, abordamos as principais características, vantagens e os desenhos dessas estruturas logísticas, explicando suas aplicabilidades nos diferentes tipos de condomínios logísticos.

No Capítulo 5, evidenciamos uma demanda fundamental para o trabalho na área logística: o uso de tecnologia da informação de ponta nas atividades de armazenagem e em armazéns inteligentes. No decorrer do capítulo, listamos o que há de mais avançado na atualidade entre as tecnologias empregadas em condomínios logísticos.

Por fim, no Capítulo 6, discorremos sobre o gerenciamento de custos e do monitoramento de indicadores quanto a sua relevância competitiva no âmbito das atividades logísticas. Afinal, tendo uma estrutura, profissionais especializados e tecnologia necessária, o trabalho em condomínios logísticos demanda um criterioso controle de suas operações e de suas metas.

Esperamos que este material contribua para suas pesquisas, sua formação profissional e, por que não, para seu esforço como possível multiplicador de conhecimento. A vocês, estudantes, pesquisadores, professores e demais interessados no ensino e na prática de Logística, desejamos excelentes reflexões.

Como aproveitar ao máximo este livro

Empregamos nesta obra recursos que visam enriquecer seu aprendizado, facilitar a compreensão dos conteúdos e tornar a leitura mais dinâmica. Conheça a seguir cada uma dessas ferramentas e saiba de que maneira elas estão distribuídas no decorrer deste livro para bem aproveitá-las.

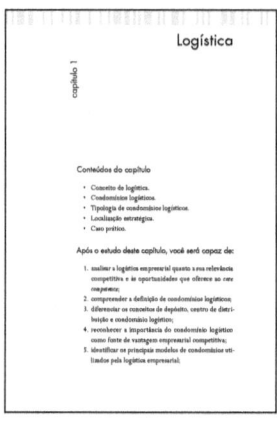

Conteúdos do capítulo
Logo na abertura do capítulo, relacionamos os conteúdos que nele serão abordados.

Após o estudo deste capítulo, você será capaz de:
Antes de iniciarmos nossa abordagem, listamos as habilidades trabalhadas no capítulo e os conhecimentos que você assimilará no decorrer do texto.

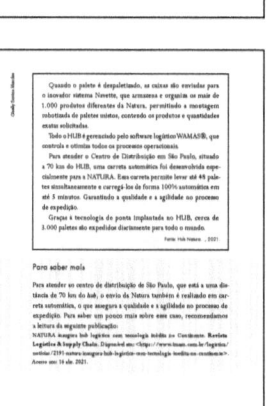

Para saber mais
Sugerimos a leitura de diferentes conteúdos digitais e impressos para que você aprofunde sua aprendizagem e siga buscando conhecimento.

Estudo de caso

Nesta seção, relatamos situações reais ou fictícias que articulam a perspectiva teórica e o contexto prático da área de conhecimento ou do campo profissional em foco com o propósito de levá-lo a analisar tais problemáticas e a buscar soluções.

Exercícios resolvidos

Nesta seção, você acompanhará passo a passo a resolução de alguns problemas complexos que envolvem os assuntos trabalhados no capítulo.

Síntese

Ao final de cada capítulo, relacionamos as principais informações nele abordadas a fim de que você avalie as conclusões a que chegou, confirmando-as ou redefinindo-as.

Logística

Conteúdos do capítulo

- Conceito de logística.
- Condomínios logísticos.
- Tipologia de condomínios logísticos.
- Localização estratégica.
- Caso prático.

Após o estudo deste capítulo, você será capaz de:

1. analisar a logística empresarial quanto a sua relevância competitiva e às oportunidades que oferece ao *core competence*;
2. compreender a definição de condomínios logísticos;
3. diferenciar os conceitos de depósito, centro de distribuição e condomínio logístico;
4. reconhecer a importância do condomínio logístico como fonte de vantagem empresarial competitiva;
5. identificar os principais modelos de condomínios utilizados pela logística empresarial;
6. listar critérios de escolha da localização de condomínios logísticos;
7. reconhecer casos práticos de utilização de condomínios logísticos.

Neste capítulo, apresentamos os principais conceitos e terminologias relacionados aos condomínios logísticos, que consistem em estruturas que oferecem um relevante serviço econômico e de operações logísticas. Iniciamos a abordagem desta parte da obra com a definição, as características, as operações desenvolvidas e a importância de definição de localização estratégica dessas instalações; bem como sua tipologia, suas vantagens e suas desvantagens.

Tendo esse repertório como base, apresentamos a relação entre os condomínios logísticos e as métricas, as terminologias técnicas e as operações da logística empresarial. Nosso objetivo é fornecer aos interessados no estudo da logística e de suas áreas correlatas um embasamento sólido sobre a construção e a aplicação dos conceitos e dos respectivos posicionamentos relativos a esse campo de atividade, pois o conhecimento sobre os condomínios logísticos e suas especificidades é fundamental à criação e ao desenvolvimento de um processo logístico adequado e competitivo.

Por fim, nesta parte do texto buscamos orientar os profissionais da área, subsidiando sua prática profissional no âmbito da logística e suas operações de armazenagem.

capítulo 1

1.1 Conceito de logística

Antes de apresentarmos a definição de condomínios logísticos, é importante conceituarmos o termo *logística* e esclarecer sua relevância para o tema. Segundo alguns especialistas, a logística se limita aos processos de transporte ou ao estoque/armazenagem de produtos; no entanto, entendemos que a atividade engloba outras atividades, desde o suprimento até a produção e a entrega do produto ao cliente/consumidor.

Fique atento!

Autores como Novaes (2007) e Pozo (2010) entendem a logística como o processo que abarca as atividades que facilitam o fluxo de materiais/produtos, desde a sua aquisição de insumos até seu destino final. Os estudiosos ainda destacam que, ao facilitar o fluxo de operações, a logística agrega valor, tempo, qualidade e informação ao longo desse percurso.

Na imagem a seguir, listamos as principais atividades logísticas. Aspectos como os descritos conferem a essa área a função de reduzir tempo e custos, fatores que produzem impactos no desempenho das atividades.

Figura 1.1 – Operações logísticas

A logística se subdivide em dois tipos de atividades: as **primárias** e as **de apoio**. As primeiras, segundo Ballou (2010), envolvem os custos mais expressivos do processo logístico, relativos ao transporte, à manutenção de estoque e ao processamento de pedidos. Já as segundas compreendem o sistema de informação, o planejamento, os suprimentos, a embalagem, o manuseio de materiais e a armazenagem.

Perguntas & respostas

Como definir cada uma das atividades primárias?
Podemos compreender o **transporte** como a movimentação de cargas ou mercadorias de um ponto a outro; a **manutenção de estoques** como a atividade que nivela a oferta e a demanda de determinada carga ou mercadoria; e o **processamento de pedidos** como a formalização da venda de uma carga ou mercadoria por meio da emissão do documento formal de venda.

Ainda sobre atividades logísticas, Vieira (2009) e Pozo (2010) tratam de mais alguns elementos fundamentais para a compreensão sobre os trabalhos logísticos:

- **Sistema de informação:** repositórios de dados necessários à operacionalização logística.
- **Manuseio de materiais:** movimentação interna em um espaço.
- **Embalagem:** elemento de proteção da carga ou mercadoria contra perda, avaria ou deterioração durante a movimentação.
- **Suprimentos:** produtos que atendem às necessidades de abastecimento de cargas ou mercadorias.
- **Planejamento:** etapa de organização, coordenação e controle das ações necessárias ao atendimento da demanda.
- **Armazenagem:** gestão do fluxo de materiais utilizados nas demais operações (é nessa atividade que o condomínio logístico ganha espaço).

Das atividades citadas, a armazenagem é a que guarda relação direta com os condomínios logísticos, segmento que surgiu em virtude da baixa oferta de espaço para operações de estocagem. Para Banzato et al. (2003, p. 9), "a principal função da armazenagem é a administração do espaço e tempo. O espaço é sempre limitado e, portanto, os bons operadores usam o espaço disponível efetivamente". Desse modo, podemos constatar que as atividades ligadas à armazenagem é fundamental à logística e à distribuição.

É nesse contexto de oferta estrutural que reside o propósito deste estudo: abordar a armazenagem em condomínios logísticos. Sendo assim, ao superar a limitação de espaços, é necessário que a infraestrutura de armazenagem proporcione condições que assegurem a competitividade. Logo, o trabalho de armazenamento compreende o subsistema responsável pela gestão física dos estoques, abarcando atividades de guarda, preservação, embalagem, recepção e expedição de materiais, observando-se determinadas normas e métodos. De modo complementar, conforme Peres (2006), a armazenagem compreende o conjunto de atividades que visam manter fisicamente os estoques das organizações. Portanto, é preciso que os profissionais envolvidos nessa área se concentrem constantemente em criar soluções relativas a localização, dimensionamento, arranjo físico, alocação de estoques, configurações de armazém, sistemas e tecnologia de movimentação.

Fique atento!

A armazenagem, do ponto de vista empresarial, busca evitar a escassez de produtos, manter estoques de segurança e proporcionar redução de custos mediante terceirização, aluguel ou arrendamento de instalações. Nota-se, então, a relevância dos condomínios logísticos como alternativa estratégica.

Assim, a armazenagem constitui um elemento de vantagem no ambiente concorrencial entre as organizações, exercendo funções como equilibrar a demanda e o fornecimento, bem como estabelecer diferenciais que atendam às expectativas dos clientes e disponham do produto no estoque.

Enfatizamos que o uso de condomínios logísticos e a prática da armazenagem fazem parte da estratégia competitiva dos empreendimentos. Portanto, na seção a seguir, trataremos do trabalho de armazenamento e da utilização de modelos de gestão como fatores competitivos.

1.2 Logística e competitividade

A competitividade empresarial exige das organizações elevada eficiência. No ambiente industrial, o desenvolvimento de novas metodologias de processos e modelos de gestão corrobora para a eficiência e a redução de custos, fatores que contribuem para o êxito da atividade principal da organização (Porter, 1989). O mesmo vale para o âmbito logístico, com destaque para a armazenagem, atividade em que a adoção de sistemas de gestão mais modernos e a busca por operações mais eficientes converteram-se em relevantes fatores de sucesso.

Em face da necessidade de acompanhar ou superar a concorrência para se manterem ativas no mercado, muitas organizações entendem a logística como uma estratégia de redução de custos e agregação de valor. Isso porque, na atualidade, "as empresas não têm mais a oportunidade de obter, com muita frequência, ganhos consideráveis na produção e comercialização de suas mercadorias, pois a concorrência é cada vez maior e os preços internacionais" (Keedi, 2011, p. 85). É nesse contexto que se encaixa o propósito deste estudo, que aborda a armazenagem em condomínios logísticos, que configuram uma evolução dos centros de distribuição.

O que é?

Centros de distribuição são armazéns que têm como função comportar o estoque máximo e manter o nível de estoque de segurança para determinadas mercadorias. Essas estruturas prestam os seguintes serviços: abrigo, consolidação, transferência, transbordo e agrupamento/composição.

Os centros de distribuição compreendem instalações onde cargas e mercadorias de várias origens são consolidadas e armazenadas para, em um momento posterior, serem enviadas para outros destinos.

Segundo Alves (2000), os centros de distribuição operam no **sistema pull** (puxado) e têm como propósito receber produtos e processá-los para atender às necessidades dos clientes. Os depósitos são operados no **sistema push** (empurrado), o que significa que são instalações para armazenar os produtos a serem ofertados. Já os condomínios logísticos realizam as mesmas atividades de um centro de distribuição. A principal diferença entre centro de distribuição e condomínio logístico é que, no primeiro, **os custos são rateados**, ou seja, proporciona o ganho de escala ao compartilhamento dos custos do empreendimento. Observe na imagem a seguir as variações descritas acima.

Figura 1.2 – Diferença entre depósito (A), centro de distribuição (B) e condomínio (C)

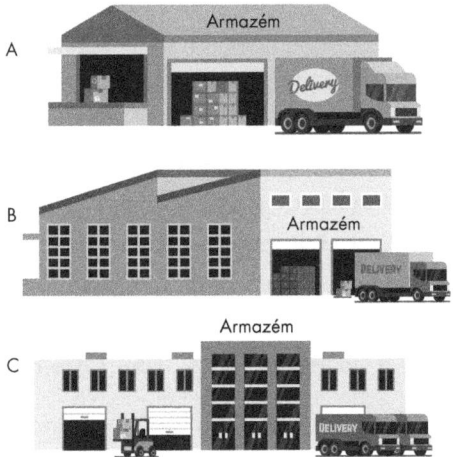

A Figura 1.2 ilustra a diferença entre depósito, centro de distribuição e condomínio logístico:

- No primeiro, o foco é a centralização de carga/mercadorias em apenas um ponto para estocagem.
- No segundo, ocorrem o armazenamento e as operações que agregam valor ao serviço, porém, com apenas uma empresa.
- Já no terceiro, ocorrem as mesmas ações do segundo, mas de forma global, atendendo a uma gama de clientes de forma simultânea e em diferentes operações.

Com as mudanças promovidas pela globalização e pelo estreitamento de muitas relações comerciais, diversas organizações que se utilizam de diferentes formas de armazenagem observaram um incremento em suas produções e estruturas. Entretanto, muitas não conseguem, sozinhas, atender adequadamente ao mercado. Assim, o prestador de serviço logístico encontra seu espaço de atuação.

O que é?

Globalização, no contexto em foco, é o processo transformador da ordem política e econômica que viabilizou o rompimento de barreiras, permitindo a abertura e o acesso ao comércio e ao capital internacional.

Tendo em vista esse contexto, Novaes (2007) aponta em sua obra que a terceirização de serviços logísticos se tornaria uma tendência da prática empresarial de acesso a novos mercados e oferta de melhores níveis de serviço, principalmente no que diz respeito aos conceitos de *Supply Chain Management* (gestão da cadeia de suprimentos). Assim, a diferença entre as organizações tende a se concentrar nas atividades primárias e de apoio, com destaque ao segmento logístico, de modo a assegurar a competitividade mesmo em locais muito distantes, ao atender às necessidades dos clientes relacionadas a qualidade e prazo, com custo mais justo possível (Ballou, 2010).

Em suma, todo esse esforço integrado tem como objetivo gerar valor ao cliente, pelo menor custo possível. Portanto, a logística existe para satisfazer às necessidades do cliente e facilitar as operações empresariais.

1.3 Prestadores de serviços logísticos

Na atualidade, uma variedade crescente de serviços é terceirizada, pois, de maneira geral, as organizações buscam de maneira contínua modos mais equilibrados de satisfazer aos clientes e, ao mesmo tempo, sustentar ou ampliar seu mercado.

De acordo com o Instituto de Logística e Supply Chain (Ilos, 2013) sobre condomínios logísticos no Brasil, já se observava, desde os anos 2000, uma crescente demanda por serviços com as características dos centros de distribuição, ou seja, que visassem à redução de custos, à especialização e à qualidade de serviços.

Um dos principais serviços terceirizados compreende o emprego de prestadores de serviços logísticos (PSLs), um dos grupos de usuários mais importantes de condomínios logísticos. De acordo com Vivaldini e Pires (2010, p. 99):

> Atualmente, o Prestador de Serviço (PSL) é uma realidade no mercado mundial, seja pela participação nas atividades ou pelas alianças na cadeia de suprimento. A utilização desse prestador de serviços evolui ano a ano e tem relação direta com a busca de vantagens competitivas na cadeia de suprimento.

Não podemos ignorar que a terceirização de atividades logísticas é uma realidade no Brasil. Nesse cenário, muitas são as organizações que terceirizam suas atividades por meio de PSLs. Em terras brasileiras, operam tanto PSLs nacionais quanto internacionais. A inserção destes últimos contribuiu para o desenvolvimento dos primeiros, pois, para se manterem competitivos, precisaram se profissionalizar e implementar melhorias operacionais, de eficiência e gestão (Barros, 2009).

Em um estudo conduzido por Viana (2013), os PSLs são indicados como os maiores usuários de condomínios logísticos. O interesse desses grupos pelas estruturas citadas tem forte relação com o Produto Interno Bruto (PIB) das regiões brasileiras — aquelas com maior PIB (Sudeste, Sul e Nordeste) são as que contam com o maior número de PSLs com atividades em condomínios logísticos.

Fique atento!

A maior concentração de PSLs, bem como de condomínios logísticos, se dá nas Regiões Sudeste, Sul e Nordeste. Os estados representativos desse cenário são Paraná, São Paulo e Pernambuco, sendo seus principais usuários os setores de eletrônicos, varejo, higiene, limpeza, cosméticos, automóveis, alimentos e bebidas.

Segundo Ballou (2010), muitas organizações já reconhecem vantagens estratégicas e operacionais na associação logística, isto é, no estabelecimento de parcerias com prestadores de serviços logísticos. Algumas das vantagens elencadas são:

- redução de custos e menor exigência de aplicação de capital;
- acesso a tecnologia e habilidades gerenciais;
- melhoria do serviço ao cliente;
- vantagem competitiva;
- redução dos riscos e incertezas.

Nas imagens apresentadas a seguir, é possível observar um exemplo de operações logísticas de PSLs (especificamente os baseados em ativos dentro de um condomínio logístico), cujos serviços são tanto físicos quanto gerenciais. É interessante destacar que, à medida que a complexidade e a demanda dos clientes aumentam, cresce também o número de PSLs.

Figura 1.3 – Exemplo de PSL baseado em ativos

Africk e Calkins (1994), citados por Novaes (2007), classificam os PSLs em duas categorias:

- **PSLs baseados em ativos**: são empresas que detêm ou alugam a terceiros ativos tangíveis, bem como ofertam outros serviços logísticos, tais como: embalagem, etiquetagem e montagem.
- **PSLs baseados em administração e gestão de informações**: são empresas que apenas administram atividades, fornecendo recursos humanos e sistemas para administrar todas as suas funções logísticas ou parte delas.

Observando a classificação que acabamos de apresentar, você pode antecipar que o condomínio logístico se caracteriza por ser um PSL baseado em ativos.

Exercício resolvido

Na atualidade, a competitividade exige das organizações assertividade, qualidade, transparência e constante inovação. Desse modo, para que alcancem suas metas e seus objetivos e persigam a melhoria contínua, elas devem buscar o suporte de ferramentas de gestão, informatização e automação. No que diz respeito aos aspectos logísticos, analise as alternativas a seguir e indique a correta:

a. Na atividade de apoio, encontram-se os custos mais expressivos do processo da logística, composta de transporte, manutenção de estoque e processamento de pedidos.

b. A logística, como processo, abarca muitas operações e atividades que visam facilitar o fluxo de materiais/produtos, desde sua aquisição até seu destino final.

c. O centro de distribuição, como local de armazenamento, concentra-se na centralização de carga/mercadorias em apenas um ponto para estocagem.

d. Centros de distribuição operam no sistema *push* (puxado) e têm como propósito receber produtos e processá-los para atender às necessidades dos clientes.

Gabarito: b

***Feedback* da atividade**: a alternativa "a" está incorreta, pois a atividade que incorre nos custos mais expressivos do processo de logística é a primária. Quanto à alternativa "c", a modalidade de armazenagem que se concentra na centralização de carga/mercadorias em apenas um ponto de estocagem compreende o depósito (armazéns). No que se refere à alternativa "d", os centros de distribuição operam no sistema *pull* (puxado).

1.4 Condomínios logísticos: panorama estratégico

Grandes grupos empresariais buscam soluções que posicionem suas produções em áreas cada vez mais próximas de seu mercado consumidor. A opção pelo uso de condomínios localizados em regiões de influência tem se revelado uma alternativa estratégica para muitas organizações.

Em sua produção sobre condomínios logísticos no Brasil, Viana (2013) destaca que o crescimento desse mercado está atrelado ao crescimento da atividade de armazenagem nos custos logísticos brasileiros. Dados de seu levantamento indicam que, entre 2005 e 2011, as organizações brasileiras despenderam entre 19% e 23% de seus custos com armazenagem. Em 2020, esses custos saltaram para 42% no setor industrial: "'A perda está ligada principalmente a ativos próprios de transportes com baixo giro, custos de armazenagem e custos administrativos fixos que não puderam ser renegociados e armazéns próprios ou frota mantida. No cenário atual, não se consegue repassar', afirma o coordenador de logística da FDC, Paulo Resende" (Rockmann, 2020). Em razão dos dados expostos e das mudanças no cenário comercial nacional, muitos investimentos foram realizados na área, de forma a ampliá-la e estruturá-la de modo mais eficiente, por meio de instalações de apoio e manuseio de mercadorias/cargas.

Fique atento!

Assim, no Brasil, houve um amadurecimento desse setor, que vem se desenvolvendo rapidamente. Destaca-se que, apesar de o emprego de condomínios logísticos no Brasil datar dos anos 1990, sua aplicação mais expressiva passou a ser verificada a partir de 2005, com destaque ao estado de São Paulo.

1.4.1 Condomínios logísticos: características e vantagens

O crescimento do mercado de condomínios logísticos acompanha o desenvolvimento econômico brasileiro. Sua proposta é oferecer uma adequada e compartilhada estrutura, que permita às organizações alocar seus estoques e centros de distribuição de maneira flexível, reduzindo seu capital imobilizado em instalações, bem como os custos decorrentes das operações realizadas.

Na Figura 1.4, a seguir, apresentamos a vista de um condomínio logístico, cujas características especificaremos no decorrer desta seção.

Figura 1.4 – Vista de condomínio logístico

Os condomínios logísticos são estruturas dedicadas às atividades logística e à indústria leve, tendo como característica principal o **compartilhamento de infraestrutura pelas diversas empresas instaladas**. Tal especificidade permite que os custos sejam rateados, possibilidade muito atrativa para empresas que não suportariam arcar com os custos de forma individual (Ilos, 2013). Cecolim (2014) define condomínio logístico como um conjunto de galpões com flexibilidade para a modularização de múltiplos espaços alocados em um único terreno.

Fique atento!

Os condomínios logísticos são construções que oferecem espaço adequado para empresas de diversos segmentos e portes, que passam a contar com um local separado para instalar suas atividades e, ao mesmo tempo, descentralizar suas operações logísticas. Segundo Viana (2013), as principais atividades desenvolvidas em condomínios logísticos são as mesmas que se realizam em um centro de distribuição:

👥	Movimentação	🗄	Recebimento	📦	Estocagem
↰↑↱	Cross-docking	🚛	Carregamento	⚙	Montagem
📦📦	Montagem de kits	👷	Composição	🏷	Etiquetagem
💰	Precificação	👆	Customização	🔍	Inspeção
📄	Transferência de informações	🔤	Separação	🎁	Embalagem
		📍	Endereçamento		

Lighteniк, phipatbig e bioraven/Shutterstock

Condomínios logísticos e fatores competitivos da logística atual

É importante destacar que um condomínio se assemelha em muito a um armazém comum; entretanto, a atividade exercida é totalmente diferente: em um armazém clássico, as cargas/mercadorias são apenas alocadas e armazenadas; no condomínio logístico, a atividade é intensa, pois, além das operações listadas, também é realizado o *cross-docking*.

O que é?

O ***cross-docking*** compreende um formato logístico que envolve a entrada e a saída, simultâneas, de uma carga/mercadoria que chega. No entanto, para que esse processo ocorra com eficiência, é necessário que um veículo esteja sempre à disposição no local aguardando a carga/mercadoria, que, ao chegar, é desembarcada em uma doca e, na sequência, transferida diretamente para o veículo, já preparado, que espera em outra doca. Em outras palavras, não há armazenagem, apenas movimentação de cargas/mercadorias de um veículo para outro.

Figura 1.5 – *Cross-docking*

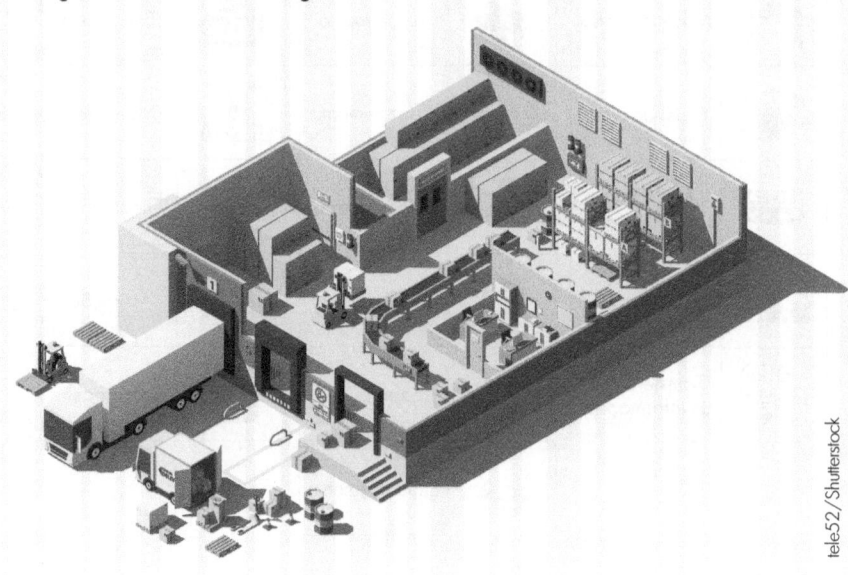

O principal cliente dos condomínios logísticos são empresas que buscam soluções para suas atividades, com destaque para a redução de custos e a necessidade de concentrar em um único ponto todo o apoio logístico integrado necessário. Assim, como já afirmamos, essas estruturas são construídas para suprir a demanda existente e crescente por espaços flexíveis, com baixo custo de ocupação e localização estratégica.

A função de um condomínio logístico, segundo Cecolim (2014), é **propiciar uma infraestrutura de serviços compartilhados de integração logística, reduzindo, assim, custos de estoques, instalação e processo.** Outra contribuição dada por Cecolim (2014) é a de que o condomínio logístico proporciona ganhos de escala para operadores logísticos, transportadoras, organizações industriais e varejistas, atendendo suas necessidades de armazenagem e distribuição.

Para saber mais

Em sua publicação no Instituto de Logística e Supply Chain (Ilos), Bernardo Falcão, especialista na área, comenta sobre o fenômeno dos condomínios logísticos. Segundo o estudioso, as vantagens em custos e a flexibilidade operacional convertem os condomínios logísticos em uma ótima solução para armazenagem, razão pela qual, em 2015, o país já contava com cerca de 10 milhões de metros quadrados de condomínios classe A, mantendo um crescimento anual de mais de 10%. Para obter informações detalhadas, acesse a publicação:

FALCÃO, B. O fenômeno dos condomínios logísticos. **Ilos: especialistas em logística e supply chain**, 26 maio 2016. Disponível em: <https://www.ilos.com.br/web/o-fenomeno-dos-condominios-logisticos/>. Acesso em: 9 abr. 2021.

Lacerda (2000) alerta que a distribuição de produtos constitui um permanente desafio logístico no que tange ao posicionamento e às condições de armazenagem oferecidas pelas instalações. Nesse sentido, os principais aspectos a serem observados com relação ao projeto e à instalação dos condomínios logísticos são:

- **Carga de piso**: compreende a capacidade do piso por m² (p. ex.: em empreendimentos do tipo A+*, a carga mínima é de 6 toneladas/m²). Isso significa que, se for alocada uma carga de 6 toneladas sobre o piso de um galpão, este não será danificado durante a armazenagem do material, pois tem a capacidade de suportar esse peso. No Brasil, são poucas as atividades de armazenagem que demandam uma capacidade de piso dessa categoria.
- **Pé-direito**: consiste em um vão livre com 12 metros ou mais. É importante observar como a altura do pé-direito livre impacta diretamente na operação logística, pois é justamente esse espaço que

---

* De acordo com Fleury (2014), os condomínios classe A ou A+, em sua maioria, têm área de até 50.000 m², já os menores têm entre 1.000 e 2.000 m²; o pé direito tem entre 9 e 12 m, e a resistência do piso tem de ser no mínimo de 5 ton/m². Tais locais são aparelhados com ar-condicionado, *sprinklers*, piso nivelado a *laser*, pátio de manobras e piso antiestético.

a empresa utilizará para realizar suas operações, conforme mostrado na Figura 1.6, a seguir.

Figura 1.6 – Demonstração de pé-direito

Brookince/Shutterstock

- **Sprinklers**: são sistemas de combate a incêndios, característicos de condomínios logísticos de alto padrão.
- **Área de eficiência**: compreende a área total locável destinada à operação logística, ou seja, trata-se da área aproveitável do que se loca. Quanto maior é esse espaço, maior é sua eficiência. No geral, uma área eficiente deve dispor de no mínimo 85%, de seu espaço destinado às operações logísticas. Por isso, em condomínios, observamos que os escritórios sempre se localizam acima do piso, nos mezaninos, assegurando, assim, que a parte inferior seja destinada às operações do negócio.
- **Cross-docking**: dentro de um condomínio logístico, o *cross-docking* corresponde à área para entrada e saída simultâneas, isto é, quando há, de um lado, uma porta de entrada nas instalações do condomínio propriamente dito e, do outro, uma porta de saída, a entrada da mercadoria pode ser feita de um lado, e a saída, do outro, sem que as operações sejam impactadas, tornando-as mais eficientes, conforme representado na Figura 1.7, a seguir.

Figura 1.7 – Exemplo de *cross-docking*

- **Isolamento térmico e acústico**: reduz ruídos e dificulta a entrada de calor no empreendimento.
- **Piso nivelado *a laser***: o emprego dessa técnica garante um piso uniforme em toda a sua extensão, assegurando uma base para armazenagem sem ondulações ou irregularidades.
- **Luz natural**: em condomínios logísticos de alto padrão, a luz natural deve ser ofertada pelo emprego de telhas translúcidas. Essa medida auxilia, adicionalmente, na redução do consumo de energia e no aumento do bem-estar dos colaboradores envolvidos nas operações.

Além das características listadas, podemos elencar, sob a perspectiva de Poletto (2011, grifo nosso), outras especificidades técnicas fundamentais para condomínios logísticos eficientes e competitivos:

- **Pé-direito entre 10 e 12 metros de altura**: tal dimensão possibilita a verticalização, e incrementa o custo de locação do metro quadrado contratado.
- **Doca para cada 800 m², ou até 500 m² de área de armazenagem**: conforme indicado na imagem a seguir.

Figura 1.8 – Exemplo de docas de condomínios

- **Piso de alta capacidade de resistência**: a instalação deve ter a capacidade de suportar a verticalização a tal ponto que o piso permaneça intacto. Um parâmetro muito empregado no mercado gira em torno de 5 a 6 toneladas/m².
- **Possuir *sprinklers*** (sistema de combate a incêndios): dependendo do tamanho do empreendimento e da regulamentação local, trata-se de uma exigência; por outro lado, esses itens também são um diferencial estratégico, pois possibilitam que a organização trabalhe com um *mix* de produtos mais variado. Além disso, esses dispositivos possibilitam a redução de custos, principalmente no atinente à contratação de seguros.
- **Infraestrutura de apoio**: envolve portaria blindada, controle de acesso com garras de gato, sistema de monitoramento permanente, sistemas de alarme, sensores de presença, controle de acesso eletrônico etc.
- **Tecnologia de nivelamento a *laser***: permite um melhor acabamento do piso, o que contribui para a redução de desgaste de equipamentos de movimentação e, consequentemente, de custos com manutenção.

Na Figura 1.9, a seguir, são ilustrados muitos dos aspectos citados por Poletto (2011), como a distância entre colunas, o pé-direito alto e a iluminação.

Figura 1.9 – Vista aberta de condomínio logístico

Obviamente, não são só as características técnicas que atraem investidores a aplicar seu capital em condomínios logísticos. Conforme Viana (2013) registra, essas estruturas atraem cada vez mais investimentos por certas especificidades estratégicas, quais sejam:

- possibilidade de rateio de custos com outros usuários em relação à manutenção, limpeza, segurança, tecnologia da informação;
- utilização de áreas de apoio como restaurantes, cafeteria, salas de reunião, sala de treinamento, ambulatório, entre outros;
- flexibilidade de expansão sem mudança de endereço;
- localização, em geral, privilegiada – por estarem construídas em local de fácil acesso às principais vias, essas instalações facilitam e aceleram a ligação com grandes centros de distribuição, o que barateia e agiliza o escoamento de cargas/mercadorias;
- visibilidade do condomínio e oferta de serviços sofisticados.

A esses fatores fundamentais, Cecolim (2014) acrescenta como vantagens do uso de condomínios logísticos a possibilidade de **integração modal** e a **flexibilidade**.

Convém destacarmos que os condomínios logísticos também contam com um elemento competitivo imprescindível: uma **estrutura de segurança adequada**. De modo geral, essas estruturas contam com porteiros, portões eletrônicos, circuitos de monitoramento e guarda armada. Esse aspecto é muito relevante para muitos clientes que buscam na segurança desse local a redução de risco de roubos e furtos de carga/mercadorias, que resultam em custos extras com escoltas e vigias.

Perguntas & respostas

Por que alugar um galpão logístico?
Ao contrário da construção ou compra de um galpão logístico, a locação não exige grande investimento inicial ou imobilização de capital. Os projetos, mesmo sob o regime de locação, visam à eficiência e à agilidade operacional.

1.4.2 Condomínios logísticos: desvantagens

Ainda que o uso dos condomínios logísticos pressuponha um fator competitivo de relevo para muitas organizações, temos de destacar as desvantagens dos condomínios logísticos. Estas recaem também sobre o **rateio dos custos fixos do condomínio**, que podem representar uma significativa parcela no caixa das organizações caso ocorra a diminuição do número de condôminos.

Para Viana (2013), a análise de viabilidade do mercado de condomínios logísticos deve abarcar cinco variáveis:

1. **Inventário**: compreende a capacidade de oferta de áreas (m²).
2. **Taxa de disponibilidade**: indica o percentual do inventário que não está sendo utilizado.
3. **Absorção líquida**: representa um indicador que demonstra a velocidade de resposta da demanda à oferta de novas áreas em condomínios. Por meio desse índice, subtrai-se do espaço ocupado atual o espaço ocupado anteriormente.
4. **Taxa de vacância**: relação entre a quantidade de metros quadrados disponíveis e a quantidade total de metros quadrados construídos. Quanto maior é a taxa de vacância, maior é a quantidade de áreas desocupadas. Trata-se de um indicador relevante, pois representa

o montante de áreas ociosas, ou seja, o montante de capital parado e as subsequentes perdas de capital.
5. **Preço**: refere-se ao preço cobrado pelo metro quadrado. É um aspecto relevante para a formação de custos logísticos e é decisivo na escolha de empreendimentos. Condomínios que contam com estrutura e serviços de melhor qualidade tendem a cobrar um preço maior por metro quadrado.

Exercício resolvido

Entre os principais aspectos que estimulam as organizações a investirem em armazéns e condomínios logísticos estão o alto grau de segurança e a qualidade em infraestrutura física dessas instalações. A opção por esse tipo de empreendimento é uma solução que alia custo e benefício às operações logísticas necessárias. A respeito dos condomínios logísticos, analise as alternativas apresentadas e indique a correta:

a. A área de eficiência em condomínios logísticos compreende a capacidade de suporte à verticalização do condomínio sem prejudicar a qualidade do piso.

b. No que tange à classificação de condomínios, suas funções são seus diferenciais de fato. Quanto mais diversificadas forem as operações, melhor será a classificação do empreendimento.

c. O uso de *sprinklers* em condomínios logísticos é usual em modelos de alto padrão. Esse recurso não implica apenas segurança contra incêndio, mas também amplia as opções de materiais com os quais o empreendimento pode atuar.

d. Uma variável a ser considerada na análise de viabilidade de condomínios logísticos é o inventário, que demonstra a velocidade de resposta da demanda à oferta de novas áreas em condomínios.

> **Gabarito**: c
>
> *Feedback* **da atividade**: a alternativa "a" está incorreta, pois a área de eficiência compreende a área total locável destinada à operação logística, ou seja, é a área que se pode aproveitar do que se loca. A alternativa "b" está errada, pois a classificação de condomínios logísticos em A+, A, B e C está ligada a suas características, e não às operações que realizam. A alternativa "d" está equivocada, pois a variável *inventário*, considerada na análise de viabilidade de condomínios logísticos, indica a capacidade de oferta de áreas (m²).

Por fim, reiteramos que os condomínios logísticos apresentaram, nos últimos anos, um crescente aumento de instalações, fenômeno estimulado pela demanda de muitas organizações para armazenar suas cargas/mercadorias em locais estratégicos que permitam evitar centros urbanos e acessar rodovias, ferrovias, portos e aeroportos de grande circulação. Logo, com a concentração das operações logísticas em apenas um local, essas instalações agilizam o fluxo de cargas, reduzem custos operacionais e oferecem condições adequadas e eficientes de manuseio das cargas.

1.4.3 Tipologia de condomínios logísticos

Existe uma variedade de tipos de condomínios logísticos, cada qual com suas características e especificidades. Contudo, independentemente do tipo, todos apresentam a mesma função: armazenamento de carga/mercadorias em locais estratégicos, de forma a facilitar o escoamento eficaz. Os tipos de condomínios logísticos podem variar quanto à necessidade de armazenagem e acondicionamento, que devem considerar aspectos voltados às necessidades específicas dos clientes e de seus produtos. Nesse sentido, Poletto (2011) apresenta a seguinte tipologia para condomínios logísticos:

- **Condomínios logísticos modulares**: modalidade de condomínio que se caracteriza pela flexibilidade de locação, que, por sua vez, advém de dois aspectos principais: (1) da capacidade de área que pode ser prontamente aumentada, apenas alugando-se mais módulos; e (2) do *layout*, o qual permite atender a uma diversidade de usuários. Sua estrutura comporta área para armazenagem com pé-direito elevado, mezanino, docas elevadas, piso com alta capacidade de resistência de cargas etc. Tais características também conferem flexibilidade de atendimento.

- **Galpões em loteamentos industriais/logísticos**: área já loteada e estruturada que disponibiliza a venda de lotes para que outras empresas ou investidores construam seus próprios galpões. É comum observar a aquisição por investidores que focam na construção do estilo *built-to-suit* para posterior locação.
- **Condomínios logísticos não modulares**: esse modelo tem características tanto de condomínios logísticos modulares quanto de loteamentos industriais/logísticos.

Essas classificações referem-se à estrutura de condomínios no que tange ao modo de construção. Para complementar, apresentamos outras tipologias empregadas em condomínios: monousuário, *cross-docking*, misto, industrial e *flex*.

- **Monousuário**: condomínios logísticos podem ser estruturados e customizados para atender a uma única empresa (cliente), possibilitando que seus fornecedores armazenem insumos e matéria-prima para atender às necessidades de seu cliente. A principal característica desse modelo é sua construção, que segue o padrão *built-to-suit* (sob encomenda). Como a instalação é projetada e construída com foco no cliente, esta atende às especificações e necessidades de sua produção e logística. Assim, o imóvel fica mais personalizado, mas menos abrangente ao mercado quando tornar-se disponível.
- **Cross-docking**: condomínios projetados não apenas para a movimentação de cargas, mas também para estocagem, indicados para uso de transportadoras que precisam de um pequeno espaço para a realização de suas atividades, o que contribui para a redução de custos, visto que a mercadoria, geralmente, chega e sai no mesmo instante.
- **Modelo misto**: útil a diversos propósitos, essa instalação é recomendada para centros de distribuição varejista. Sua estrutura permite

a customização, ou seja, pode ser utilizado por vários tipos de indústrias, principalmente manufatureiras. Essa estrutura permite tanto a estocagem quanto o *cross-docking*. Geralmente, é utilizada por organizações que atendam outras organizações.

- **Industrial**: pode ser customizado conforme a demanda da organização.
- **Flex**: os grandes condomínios que oferecem todos os formatos logísticos e recebem empresas de variados segmentos são assim denominados. Na Figura 1.10, a seguir, é apresentado um exemplo do modelo *flex*.

Figura 1.10 – Exemplo de estrutura de condomínio *flex*

Essas estruturas podem ser utilizadas individualmente ou agrupadas (compartilhadas), sua principal aplicação é a armazenagem, sendo assim indicado para operadores logísticos e atacadistas. Sua estrutura deve ser flexível, de forma a atender às diversas atividades e demandas do mercado.

De acordo com Viana (2013) e Cecolim (2014), os condomínios logísticos podem ser classificados em: **A+**, **A**, **B** e **C**. A classificação leva em conta as características estruturais e as atividades realizadas no condomínio. Segundo os autores citados, o tipo A+ também é chamado de *high tech*, sendo o mais construído no mundo.

Exercício resolvido

As organizações têm cada vez mais utilizado a opção do condomínio logístico e seus serviços compartilhados como recurso de redução de custos. Além dessa vantagem, essa estrutura viabiliza a eliminação de gargalos logísticos, que também produzem impactos nos custos operacionais. Sobre as estruturas de condomínios logísticos, indique a alternativa correta:

a. A classificação A se refere aos condomínios logísticos que apresentam as melhores características e estruturas operacionais. São os chamados *condomínios logísticos de alto padrão*.

b. Condomínios logísticos do tipo monousuário são estruturados e customizados para atender às operações de um único produto e, assim, atender às necessidades de seu cliente.

c. Condomínio modular é o tipo de estrutura indicada para a aquisição de investidores que posteriormente devem se concentrar na construção (estilo *built-to-suit*) e futura locação.

d. O condomínio estilo *cross-docking* é projetado não apenas para a movimentação de cargas, mas também para estocagem. O uso desse modelo é indicado para transportadoras.

Gabarito: d

***Feedback* da atividade**: a alternativa "a" está errada, pois condomínios logísticos do tipo monousuário são estruturados e customizados para atender às operações de um único cliente. A segunda alternativa está incorreta, pois, embora a descrição esteja correta, o modelo descrito é o A+, conhecido como *high tech*. A terceira alternativa está equivocada, pois o modelo indicado para a aquisição de investidores que constroem (estilo *built-to-suit*) e para futura locação é o modelo em loteamentos industriais/logísticos.

Devidamente exploradas as características dos condomínios logísticos, podemos avançar para uma escolha vital para que essas estruturas se tornem atraentes para as demandas dos mais diferentes tipos de organizações: sua localização.

1.4.4 Fatores de localização estratégica

A definição da localização de um empreendimento é um aspecto que pode impactar seus custos, e uma escolha inadequada nesse sentido pode gerar muitas desvantagens. Logo, é essencial definir o melhor local para as instalações (Moreira, 2008): se construído em uma localidade de fácil acesso, possibilita a conexão com os grandes centros de distribuição e consumo. Isso, como detalhamos mais adiante, barateia e agiliza o escoamento de produtos, aprimorando como um todo o processo logístico. Nesta seção, apresentaremos a visão de vários autores sobre esse fator logístico e os aspectos que, de acordo com esses estudiosos, têm de ser verificados quando da escolha da localização do condomínio logístico.

Dornier et al. (2007) afirmam que o posicionamento das organizações quanto à localização geográfica modificou bastante seus fluxos comerciais, fazendo a logística, que antes operava apenas no interior das organizações, passar a desempenhar um papel relevante no que tange ao fortalecimento de relações.

Observe, na Figura 1.11, a seguir, como a localização é importante. Ela deve ser privilegiada, ou seja, deve possibilitar um rápido acesso pela proximidade aos grandes centros de consumo e de produção, ficando, por exemplo, perto das margens de rodovias, ferrovias, portos e/ou aeroportos de grande circulação.

Figura 1.11 – Localização de condomínio logístico

Alzay/Shutterstock

Ballou (2010) também pontua que a localização de instalações é um importante problema de decisão, posto que impacta os custos e o nível de investimento e, portanto, a determinação da quantidade, do local e da proporção das instalações a serem utilizadas.

Sobre critérios relevantes para a escolha de uma localização, Gurgel (2000) propõe que esta deve basear-se em três elementos:

1. **Centro de gravidade**: nesse quesito, são avaliados aspectos como localização geográfica, impacto sobre mercado e custos com frete.
2. **Matéria-prima**: nesse aspecto, são avaliadas informações referentes à localização mais econômica, bem como à acessibilidade aos insumos e às matérias-primas principais mais baratas.
3. **Infraestrutura**: esse fator envolve a avaliação da situação financeira da localidade escolhida com base no desenvolvimento de infraestrutura.

Moreira (2008), complementando os apontamentos de Gurgel (2000), considera os seguintes fatores como relevantes na escolha da localização de um empreendimento:

- localização de seus suprimentos;
- disponibilidade de mão de obra;
- localização do mercado consumidor.

Como podemos constatar, a busca pela localização ideal — que comporte instalações capazes e próximas aos clientes — pode ser influenciada por várias alternativas que auxiliem tal tomada de decisão.

Para Bowersox, Closs e Cooper (2006), estratégias de localização devem abarcar aspectos como:

- quantidade de instalações *versus* local onde se pretende instalá-las;
- parcela de mercado a ser atendida pelas futuras instalações;
- características e especificidades dos produtos a serem produzidos ou armazenados;
- tipologia de canais logísticos a serem utilizados;
- integração vertical ou a terceirização de serviços.

No que diz respeito à localização de condomínios logísticos, é importante que essas estruturas sejam localizados em pontos estratégicos de escoamento, ou seja, próximos às organizações de interesse e com fácil acesso às principais rodovias; também é muito pertinente a proximidade com portos, aeroportos, rodovias e ferrovias.

Conforme Ballou (2010), as estratégias de localização se dividem em duas metodologias:

1. **Localização de instalação única**: escolha de localização com base nos custos com transporte, isto é, nas tarifas de transporte e na demanda por pontos — os únicos fatores relevantes à escolha de localização, o que faz essa metodologia ser mais simples.
2. **Localização de instalações múltiplas**: escolha orientada para empresas que demanda duas ou mais instalações fixas.

Fundamentando-se nessa metodologia, Ballou (2010) indica que a organização deve seguir três orientações para uma adequada estratégia logística:

1. redução de custos, com destaque às operações de movimentação e estocagem;
2. redução do emprego de capital;

3. melhoria no serviço logístico.

Assim, a redução de custos ocorre pela escolha de localizações estratégicas de condomínios que mantenham o nível de serviço prestado. Já o emprego de capital implica a redução de investimento logístico que gere desperdícios. Logo, há a maximização do retorno sobre o investimento realizado. Nas palavras de Lacerda (2009, p. 162):

> De forma geral, os estudos de localização tratam do problema de minimizar os custos de uma rede logística, estando esta sujeita às restrições de capacidade das instalações, tendo que atender a determinada demanda e devendo satisfazer a certos limites de nível de serviço.

Tendo em vista todos esses fatores a serem levados em consideração, apresentamos na sequência algumas ferramentas utilizadas para a análise da localização dos condomínios logísticos.

Ferramentas de análise aplicadas à localização de condomínios logísticos

Como citamos, condomínios logísticos são uma realidade em muitos países do mundo. No Brasil, essa tendência se concentra no Sudeste. Contudo, destaca-se a existência de condomínios em algumas cidades das Regiões Sul e Nordeste.

Viana (2013), em seus estudos sobre condomínios logísticos no Brasil, já destacava o crescimento da utilização dessas estruturas, com tendência promissora de prospecção geográfica para o Nordeste. O estudioso explica que esse fenômeno se deve ao fato de que o mercado exige cada vez mais espaços de armazenagem de qualidade superior, uma vez que as empresas têm interesse em ofertar melhores padrões de serviços. Nessa análise, também se verifica a tendência migratória de condomínios logísticos para municípios próximos da região, pois os custos com aquisição de terrenos são menores.

Lacerda (2009) acrescenta que as empresas brasileiras vêm realizando estudos de localização de instalações com maior frequência, principalmente com o emprego de modelos computacionais, tendo a eficiência operacional (nível de serviço) como prioridade máxima.

Fique atento!

As ferramentas de análise de localização passaram a ser adotadas no mercado logístico na década de 1970. Esse fenômeno consolidou as bases para o estudo de localização de instalações. No Brasil, tal oferta ainda é limitada, mas tende a crescer o número de representantes de empresas fornecedoras de *softwares* nessa área (Lacerda, 2009).

Ainda conforme Lacerda (2009), contando com modelos predeterminados de redes logísticas que representam sistemas reais, esses *softwares* caracterizam-se pela capacidade de projetar os custos e as restrições operacionais decorrentes da localização analisada. Cumpre destacar que os custos estudados dizem respeito ao transporte, à armazenagem e à compra/produção. As restrições, por sua vez, referem-se ao fluxo de produtos e de suas respectivas demandas, bem como do tempo de serviço demandado. Em sua maioria, esses sistemas "utilizam interfaces gráficas para, por meio de menus, controlar e variar parâmetros, rodar o modelo, inspecionar os resultados e gerar relatórios" (Lacerda, 2009, p. 165). Nesse caso, podemos concluir que a definição da localização de instalações logísticas é uma questão relevante aos profissionais de logística. Afinal, implica elevados investimentos e impacto sob os custos logísticos.

Para finalizarmos o capítulo, apresentaremos exemplos relevantes de empresas que apostaram na utilização dos condomínios logísticos para a otimização de seus negócios. Observe que os casos apresentados levam em conta todo. Isso fica evidente por fatores sobre os quais tratamos no decorrer deste capítulo.

Estudo de caso

Portal do Porto Condomínio Logístico

Localizado na principal esquina do Contorno Leste, no trevo da BR-277 com a BR-116 com saída direta para São Paulo (410 km), interior do Paraná (420 km), Santa Catarina (Porto de Itajaí a 205 km), Rio Grande do Sul (732 km) e Porto de Paranaguá (85 km).

Sua estrutura conta com as seguintes características:

- 57 barracões (1.260 m² e 1.650 m²);
- pé-direito de 12,5 m;
- três auditórios com capacidade de 440 lugares;
- heliponto homologado para operações diurnas e noturnas;
- restaurante com capacidade para 450 pessoas;
- lanchonetes de lojas de conveniência;
- 1.200 vagas para automóveis;
- espaço para 400 caminhões estacionarem ao mesmo tempo com amplo espaço para manobras;
- balanças dA pesagem de caminhões com capacidade de 80 toneladas;
- telhado termoacústico;
- iluminação nos armazéns de 350 lux;
- piso de concreto protendido, 100% plano, sem juntas de dilatação, e capacidade de 9 toneladas/m²;
- sistema de incêndio autônomo com *sprinklers* distribuídos por todas, as áreas.

Além disso, sua portaria 24 horas dispõe de sala de espera para visitas, com segurança armada, e espaço *star* para os caminhoneiros, no qual estes podem realizar sua higiene pessoal e descansar.

Seu departamento de engenharia encontra-se dentro do condomínio, sendo responsável por atender às necessidades de cada condômino em suas modificações, bem como por manter as estruturas dos condomínios.

M5 Centro Logístico Sorocaba

Localizado na Rodovia Castello Branco, mais precisamente no km 84, sua estrutura dispõe das seguintes especificidades:

- galpões de 2.750 m² a 11.000 m²;
- pé-direito de 12 m;
- piso com capacidade de 8 toneladas/m², nivelado a *laser*;
- distanciamento entre colunas de 22,5 metros, com melhor aproveitamento do espaço para alocação de paletes;
- docas com niveladoras de altura para até 6 toneladas;
- teto termoacústico;
- sistema de incêndio com *sprinklers*;
- iluminação natural e artificial nos galpões;
- restaurantes;
- salas de treinamentos e reuniões;
- espaço para os motoristas;
- segurança.

Alianza Park

É o maior terminal de cargas da Região Norte do país e conta com rota de conexão estratégica com todo o território nacional. Sua estrutura conta com os diferenciais apresentados a seguir:

- 9 galpões, com até 21.000 m²;
- pé-direito livre de 12 metros;
- estacionamento inteligente, com vagas para 254 carretas e espaço adequado para a movimentação de grandes veículos;
- restaurante com capacidade para até 336 pessoas.

Podemos observar que os casos práticos elencados até aqui apresentam organizações que proporcionam grande flexibilidade e comodidade aos clientes. Isso fica evidente por habilitarem o uso de galpões modulares adaptados à necessidade de armazenagem de cada um e ofertarem serviços adicionais, tais como oficinas, lojas de conveniência, alojamento, segurança e até restaurantes.

LOG Commercial Properties

Conta com a seguinte estrutura:

- portfólio superior a 1,5 m^2, presente em 25 cidades e 9 estados brasileiros;
- módulos a partir de 900 m^2, com estrutura classe A;
- pé-direito com 12 m;
- piso industrial com capacidade de até 8 toneladas/m^2;
- estacionamento;
- pátio de manobra;
- prédio de apoio e vestiários.

Os condomínios da Log também contam com serviços rateados, segurança com circuito fechado, portaria 24 horas, limpeza e manutenção em geral.

Centro Logístico Rio Claro

Esse centro dispõe da seguinte infraestrutura:

- 40.000 m^2 de área construída, com 15.000 m^2 destinados ao pátio para estacionamento de caminhões;
- centro com 200.000 m^2 disponíveis para expansão e *built-to-suit*;

Estrutura de galpões conta com:

- niveladoras de docas automáticas para 9 toneladas;
- área de 2.000 m^2 a 20.000 m^2;
- 12 m de pé-direito;
- piso nivelado a *laser* com capacidade de resistência de 7 toneladas/m^2.

Sua estrutura de segurança conta com segurança armada 24 horas, sistema de monitoramento (150 câmeras de segurança) e portaria blindada.

> Por fim, com base no exposto a respeito dos condomínios logísticos, podemos observar que a grande maioria de investidores opta pela construção de condomínios situados entre as classes A+ e A para melhor atender seus clientes, bem como habilitar sua competitividade em termos de flexibilidade.
>
> Também podemos observar uma maior inclinação ao emprego de estruturas do tipo *build-to-suit*, o que viabiliza a competitividade das organizações no que toca à diferenciação ao transformar projetos em empreendimentos viáveis, oferecendo condições ao desenvolvimento de uma economia diversificada e crescente.

Síntese

- O mercado de condomínios logísticos tornou-se muito atrativo aos empreendedores, pois há uma carência na oferta de estruturas desse tipo no Brasil. Poucas são as instalações dessa natureza com localização adequada e estratégica à finalidade de armazenagem.
- Em razão do crescimento da terceirização, da busca pela redução de custos, da necessidade de foco no *core competence* e do surgimento de prestador de serviços logísticos (PSL), o mercado de condomínios logísticos encontrou espaço e vem crescendo aceleradamente nos últimos anos.
- O PSL é um fornecedor de serviços integrados, com a capacidade de atender às necessidades de serviços logísticos de seus clientes de modo personalizado.
- O condomínio logístico compreende uma área fechada, com infraestrutura e serviços compartilhados, tais como: docas, espaço para armazenagem, equipamentos para a movimentação de cargas, podendo atender uma ou mais organizações ao mesmo tempo.

- Os condomínios logísticos surgiram na década de 1990, com o intuito de auxiliar o segmento logístico na redução de seus custos e no aperfeiçoamento de seus processos. A partir de então, a busca por esses empreendimentos tem crescido, visto que muitas organizações encontram neles a solução para o suprimento de suas demandas.
- Em um condomínio logístico estão reunidas empresas que ofertam operações que atendam às necessidades de seus clientes. Tais operações ofertadas comportam: transporte, recebimento, armazenamento e processamento de mercadorias.
- Entre as vantagens dos condomínios logísticos, constam: segurança, redução de custos com escoltas e monitoramento e rateio de custos de manutenção.
- Em um único ambiente, a união de vantagens como localização estratégica, flexibilidade de espaço e qualidade estrutural, faz dos condomínios logísticos excelentes alternativas a negócios em crescimento, pois prescinde de elevado investimento inicial.
- Definir o local de um condomínio logístico é uma tarefa importante, que pode influenciar diretamente nos resultados de um empreendimento. Por isso, tal atividade não deve ser orientada por interesses particulares ou definida sem estudo prévio. Conduzir uma pesquisa dessa natureza sem as condutas citadas pode acarretar obstáculos comerciais, bem como o fracasso de todo um projeto.
- A instalação de condomínios logísticos visa aperfeiçoar, em um mesmo local, sistemas logísticos que facilitem e simplifiquem as operações logísticas.

Armazenagem e distribuição

Conteúdos do capítulo

- Contextualização dos conceitos de armazenagem e distribuição.
- Centro de distribuição avançado.
- *Transit point.*
- *Cross-docking.*
- *Merge in transit.*
- *Hubs* para *e-commerce.*

Após o estudo deste capítulo, você será capaz de:

1. analisar a atividade de distribuição quanto a sua importância no contexto logístico;
2. definir as atividades de armazenagem e distribuição;
3. reconhecer as principais estruturas de armazenagem e distribuição empregadas no processo logístico;
4. identificar as principais diferenças entre centro de distribuição avançado, *transit point, cross-docking* e *merge in transit*;
5. descrever *hubs* para *e-commerce*;
6. relacionar a prática de distribuição em condomínios monousuários e *flex*.

Neste capítulo, apresentamos conceitos e terminologias basilares da distribuição logística, relevante atividade das operações logísticas e, portanto, do atendimento às necessidades do consumidor. Contextualizamos os condomínios logísticos sob a perspectiva da terminologia empregada na gestão de distribuição e suas modalidades, destacando a tipologia, a importância, as vantagens e as desvantagens do sistema logístico.

Além disso, tratamos das métricas e da terminologia técnica da logística empresarial e de suas operações. Nosso propósito é proporcionar maior embasamento teórico para os interessados na área, em especial no que diz respeito à aplicação desses saberes na construção de conceitos e posicionamentos relativos à logística como um todo.

capítulo 2

2.1 Demandas atuais da logística: condomínios logísticos como solução

A globalização e a competitividade demandam mercados de bens e serviços cada vez mais diversificados. Atualmente, tal variedade inclui, além de aspectos básicos como preços competitivos e qualidade de atendimento, a agilidade de entrega. Em outras palavras, o atual comportamento consumidor demanda rapidez de resposta, comprometimento com prazos, comodidade e uma boa experiência com o serviço contratado.

A Figura 2.1, a seguir, ilustra como funciona o comércio *on-line*. Os consumidores desejam receber o produto que demandam, não importando se ele está a uma distância de 2 km ou 5.000 km de sua localização. Este é justamente o objetivo da logística: prover e disponibilizar produtos quando e onde forem demandados.

Figura 2.1 – Serviço de entrega de pedidos *on-line*

Essa dinâmica fez muitas organizações reavaliarem seu fluxo logístico, principalmente no que tange à administração e à flexibilidade de estoque. E esse processo continua em revisão até hoje. Uma possível resposta a essa demanda é o emprego de condomínios logísticos em suas diferentes modalidades. A utilização dessas estruturas se tornou muito atrativa aos empreendedores, pois há uma carência na oferta de imóveis desse tipo no Brasil. Poucos deles têm localização adequada e estratégica para armazenagem e distribuição.

É importante recordar que o condomínio logístico compreende uma área fechada, com infraestrutura e serviços compartilhados, que visam auxiliar o segmento na redução de seus custos e no aperfeiçoamento de seus processos.

Conforme registramos no capítulo anterior, o condomínio logístico reúne organizações que ofertam a seus clientes operações que atendem às necessidades citadas. Tais operações ofertadas comportam: o transporte; o recebimento; o armazenamento; o processamento; e a distribuição de pedidos. Por isso, neste capítulo abordamos o debate sobre a gestão e a tipologia de distribuição, bem como sobre sua importância no contexto logístico como meio para administrar e controlar o fluxo de armazenagem para um melhor atendimento ao cliente.

2.2 Contextualização dos conceitos de armazenagem e distribuição

Antes de contextualizarmos a atividade de armazenagem e distribuição, é importante resgatar o conceito de logística empresarial e sua relevância para a abordagem que empreendemos nesta obra.

De acordo com Ballou (2010), a logística empresarial ocupa-se do estudo da administração de serviços, que, quando planejados, organizados e controlados, viabilizam a realização de atividades efetivas, que facilitam o fluxo de mercadorias. Portanto, esses serviços proporcionam uma vantagem competitiva na entrega aos clientes graças à flexibilidade nos processos, o que é essencial ao sistema comercial vigente no globo.

A logística empresarial possibilita que as organizações ordenem, planejem, dirijam e controlem todas as atividades que envolvem o armazenamento e a entrega de mercadorias, visando sempre à entrega de um serviço diferenciado, de qualidade e competitivo no mercado atendido. Por isso, por meio de um adequado planejamento de entregas, mesmo com uma grande variedade de destinos, é possível realizar o serviço de maneira eficiente e com qualidade de experiência para o cliente, que receberá o que solicitou no momento esperado e no local acordado. Assim, o fluxo de produtos e mercadorias torna-se cada vez mais ágil e facilitado, não apenas aos clientes (que, com isso, recebem o produto certo e no momento esperado, na quantidade e nos locais determinados), mas também aos colaboradores, ao executarem tais atividades.

Para complementar nosso raciocínio, apresentamos as estratégias logísticas que, conforme Ballou (2010), também auxiliam no delineamento de operações da logística empresarial:

- **Redução de custos**: compreende toda ação dirigida à minimização de custos variáveis relacionados às operações de movimentação e de estocagem e que visem à maximização de lucros, tais como definição estratégica de localização, seleção de sistemas de transportes etc.

- **Redução de capital:** compreende toda iniciativa destinada à minimização do nível de investimento em sistema logístico. Não se trata apenas de deixar de realizar investimentos, mas de se concentrar em investimentos mais assertivos. Nesse processo, empenham-se esforços para a revisão de ações já existentes e que podem ser aperfeiçoadas. Um exemplo de aplicação seria a revisão de estratégias de logística *lastmiles*, de modo a evitar despesas de armazenagem por meio da realização de operações em condomínios logísticos, dividindo custos com outras organizações, bem como reduzindo custos com monitoramento de cargas. Mais um exemplo de aplicação de capital: o **monitoramento de cargas.** Trata-se de uma ação de redução de capital assertiva — ao se centralizar uma única forma de controle (monitoramento remoto de cargas), garante-se uma logística eficiente e segura, principalmente no que se refere à pontualidade de entrega e a qualidade do serviço prestado.
- **Melhorias no serviço:** toda ação destinada à melhoria da qualidade de serviço logístico. Adotar ações que visem à melhoria da qualidade de serviço prestado impacta diretamente na receita logística. Compreende, entre outras iniciativas, o *benchmarking* e ações corretivas e preventivas de pesquisas de satisfação de cliente.

Assim, é possível reconhecer os motivos pelos quais as organizações passaram a valorizar mais suas etapas logísticas. As empresas compreenderam que uma operabilidade logística adequada e eficaz pode converter-se em vantagem competitiva. Logo, abarcar a logística também é compreendê-la como instrumento de captação de novos mercados, além de estímulo para o fortalecimento de parcerias já vigentes.

2.2.1 Armazenagem

Tendo esse panorama em mente, agora podemos tratar da armazenagem, que pode ser definida da seguinte maneira: "uma das áreas mais tradicionais de Logística, tem passado nos últimos anos por profundas transformações, por isso exige uma nova abordagem gerencial" (Fleury; Wanke; Figueiredo, 2009, p. 153). A atividade de armazenagem consiste em um conjunto de ações e práticas relativas à administração de determinado espaço necessário à manutenção de estoques. Tais práticas consideram aspectos como:

- localização;
- dimensionamento de área;
- *layout* de arranjo físico;
- escolha de equipamentos de movimentação;
- sistemas de armazenagem e distribuição;
- sistemas informatizados e mão de obra capacitada e disponível.

Por seu turno, Ballou (2010) acrescenta os seguintes pontos que contribuem para a complexidade das operações de distribuição:

- definição de metodologia de inventário;
- localização estratégica de depósitos;
- dimensionamento de armazéns;
- formas de comunicação;
- nível de serviço

Ressaltamos que a operabilidade de tais instalações depende diretamente do tipo de estrutura de distribuição empregada. Zober (1969, p. 115) já apresentava uma definição muito pertinente de distribuição: uma forma de "levar a quantidade exata de materiais ou mercadorias ao local exato, na ocasião exata, pelo menor custo possível".

2.2.2 Distribuição

Para clarificarmos o conceito de armazenagem e distribuição, convém destacar que a busca por diferentes estratégias, nesse sentido, compreende uma atividade estratégica para as atuais organizações. No fluxo de distribuição, cargas e mercadorias são movimentadas de seus fornecedores/fabricantes para as organizações e destas para seus centros de distribuição, posteriormente sendo enviadas aos clientes/consumidores.

Conforme Ballou (2010), os **custos logísticos** têm significativa participação dos gastos provenientes da distribuição, a qual abarca atividades de movimentação, estocagem e processamento de pedidos. Logo, por ocupar um local de relevo entre as atividades empresariais, é pertinente seu estudo.

Uma questão básica do gerenciamento logístico é como estruturar sistemas de distribuição capazes de atender de forma econômica aos mercados geograficamente distantes das fontes de produção, oferecendo níveis de serviços cada vez mais altos em termos de disponibilidade de estoque e tempo de atendimento.
(Lacerda, 2009, p. 154)

Assim como esquematizado na Figura 2.2, a seguir, o produto/mercadoria transita entre os diferentes atores logísticos até chegar a seu destino final: o cliente.

Figura 2.2 – Fluxo logístico

Lacerda (2009) classifica as estruturas de distribuição em dois tipos:

7. **Estrutura escalonada**: compreende o tipo de estrutura que conta com um ou mais armazéns centrais e um conjunto de armazéns ou centros de distribuição avançados, próximos às áreas de mercado.
8. **Estrutura direta**: corresponde ao tipo de estrutura em que as mercadorias e produtos são expedidos a partir de um ou mais armazéns centrais para o cliente.

Exercício resolvido

A logística empresarial tem a atribuição de fazer chegar as provisões certas, no local, na quantidade e no momento corretos aos clientes/consumidores, sendo, portanto, uma função organizacional responsável pelo controle, gerenciamento e circulação de produtos e mercadorias. Sobre a relevância da logística empresarial, analise as alternativas apresentadas e indique a correta:

a. No que tange à estratégia logística empresarial, a redução de custos compreende toda ação destinada à minimização do nível de investimento em sistemas logísticos.

b. A logística empresarial em suas operações proporciona uma vantagem competitiva na entrega aos clientes por meio da flexibilidade em seus processos.

c. A estrutura escalonada compreende o tipo de estrutura em que as mercadorias e produtos são expedidos de um ou mais armazéns centrais para o cliente.

d. A atividade de distribuição consiste em um conjunto de ações e práticas relativas à administração de determinado espaço necessário à manutenção de estoques.

Gabarito: b

Feedback **da atividade:** a alternativa "a" não está correta, pois a descrição feita refere-se à estratégia logística do tipo redução de capital. A alternativa "c" está incorreta, pois a estrutura escalonada é aquela que conta com um ou mais armazéns centrais, e um conjunto de armazéns ou centros de distribuição avançados, próximos às áreas de mercado. A redução de custo compreende toda ação destinada à minimização de custos variáveis relacionados às operações de movimentação e de estocagem e que visem à maximização de lucros. A alternativa "d" está equivocada, pois a descrição refere-se à atividade de armazenagem. A distribuição compreende o modo empregado para levar a quantidade exata, ao local exato, na ocasião precisa, pelo menor custo possível.

Conforme declaramos, o modo como ocorre esse fluxo de entrega pode variar segundo o modelo estabelecido pelas organizações, o qual pode compreender desde a simples recepção até o processamento e a distribuição. Assim, é importante adotar estratégias que desempenhem real impacto nesse processo, como é o caso dos modelos apresentados e contextualizados nas próximas seções.

2.3 Centro de distribuição avançado

O centro de distribuição avançado (CDA) é uma estrutura de distribuição escalonada, em que o estoque se encontra posicionado estrategicamente em pontos específicos de uma cadeia de suprimentos. Tal estratégia de localização visa ao pronto atendimento às demandas de clientes de áreas específicas, que se situam distantes de suas fontes produtoras. Logo, nesse tipo de estrutura, conduzem-se os estoques para pontos mais próximos aos clientes; quando estes solicitam determinada mercadoria ou produto, a resposta a suas solicitações é mais rápida.

A sistemática de um CDA pode ser sintetizada da seguinte maneira: o cliente, ao registrar um pedido, será atendido pelo estoque mais próximo, como indicado na Figura 2.3, a seguir.

Figura 2.3 – Centro de distribuição avançado (CDA)

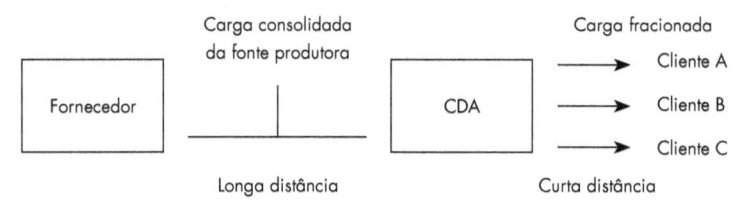

```
              Carga consolidada              Carga fracionada
              da fonte produtora
                                                    →  Cliente A
  ┌─────────┐                   ┌─────────┐
  │Fornecedor│──────┬──────────│   CDA   │────→  Cliente B
  └─────────┘                   └─────────┘
                                                    →  Cliente C
              Longa distância                  Curta distância
```

Fonte: Elaborado com base em Lacerda, 2009.

De acordo com Lacerda (2009, p. 155), "Além de buscar rápido atendimento, os centros de distribuição avançados possibilitam a obtenção de economias de transporte, visto que operam como centros consolidadores de cargas". Essas instalações recebem grandes carregamentos consolidados provenientes de longas distâncias, fracionados para atenderem aos clientes locais. Assim, o ganho mencionado por Lacerda (2009) encontra-se na possibilidade de redução de movimentos com transporte de longa distância, bem como de garantia da qualidade de serviço logístico, pois centros de distribuição avançados "facilitam a consolidação de carga, resultando em custos de transporte mais baixos" (Lacerda, 2009, p. 156).

Ainda de acordo com Lacerda (2009), o CDA apresenta certas vantagens, quais sejam:

- possibilidade de uso por múltiplos fornecedores;
- consolidação de cargas;
- redução de custos com transporte.

Em contrapartida, ainda conforme Lacerda (2009), as desvantagens do CDA são:

- descentralização de estoques;
- custos com a manutenção de estoques;
- necessidade de constante gerenciamento de estoque, com foco na obsolescência.

Sobre esses inconvenientes do CDA, o estudioso considera que:

> Uma forma de minimizar o risco com a manutenção de estoques em prontos avançados é a armazenagem seletiva de estoque. Nesse caso, os estoques de produtos com baixo giro, de maior incerteza na demanda e/ou de maior valor agregado são mantidos em uma ou mais instalações centrais. Os produtos de maior giro, com uma demanda mais estável e/ou de mais baixo valor agregado, podem ter seus estoques avançados, já que o comprometimento antecipado com esses estoques apresenta menor risco. (Lacerda, 2009, p. 156)

Assim, enfatizamos que um CDA não deve ser limitado ao sinônimo de "depósito", pois sua finalidade é superior à de um mero almoxarifado. Essa estrutura deve ser caracterizada como um tipo de armazém que, alocado estrategicamente, tem a capacidade logística de receber cargas em expressivos volumes de um ou mais fornecedores.

2.4 Transit point

O *transit point*, ou estrutura direta tradicional, compreende uma estrutura direta de distribuição que visa atender um mercado distante por meio de uma instalação central, através qual a mercadoria somente realiza uma passagem antes de chegar ao cliente.

Segundo Lacerda (2009), esse tipo de estrutura comporta instalações similares às dos centros de distribuição, sendo a principal diferença a inexistência de estoque. Nesse modelo, os produtos já têm seu destino de envio estabelecido ao serem enviados, o que implica redução de tempo das operações.

Fique atento!

O foco de atendimento de *transit point* é estratégico, pois sua localização é pensada para atender a determinada área que tenha os seguintes condicionantes: localizam-se a grande distância de armazéns centrais; são regiões de difícil acesso. Portanto, é um sistema desenvolvido para atender áreas muito distantes de armazéns centrais de distribuição.

A esse respeito, Fleury, Wanke e Figueiredo (2009) assinalam que o *transit point* visa atender determinadas áreas de mercado distantes dos armazéns centrais, atuando como instalação de passagem para o recebimento da carga consolidada. A essa estrutura chegam carregamentos consolidados destinados a entregas locais com clientes individualizados. Portanto, as mercadorias têm origem em um fornecedor e seguem diretamente para diferentes clientes, sem a formação de estoque.

Nessa modalidade, não "há espera pela colocação dos pedidos. Essa é uma diferença fundamental em relação às instalações de armazenagem tradicionais, em que os pedidos são atendidos a partir de seu estoque" (Lacerda, 2009, p. 157).

Para aprofundar sua compreensão sobre o tema, apresentamos a definição de **carga consolidada** é aquela formada por vários pedidos completos de clientes e que se encontram misturados. No *transit point*, entrega-se a carga consolidada em veículos de maior porte; na sequência, ela é transferida para veículos menores, que realizarão a entrega ao cliente, assim como mostrado na Figura 2.4, a seguir.

Figura 2.4 – Estrutura *transit point*

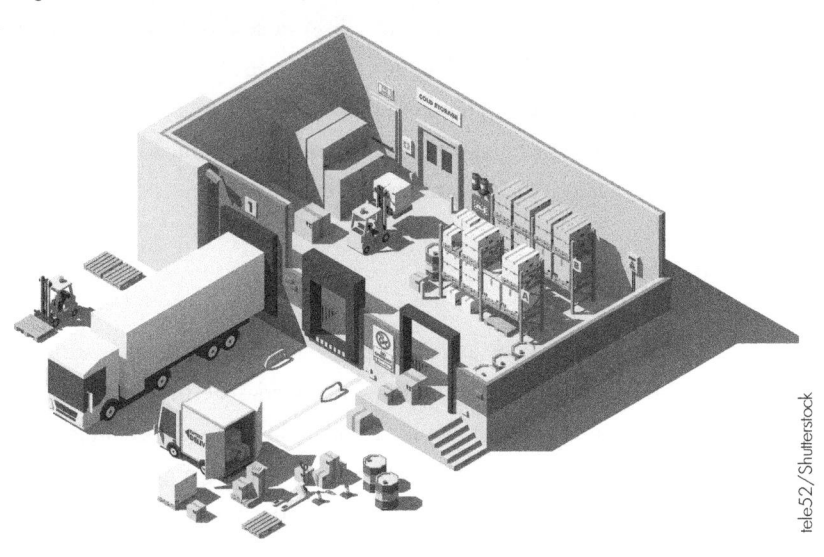

Nesse tipo de estrutura, não há a formação de estoque, pois se trata de um ponto de passagem de mercadorias, que prescinde de instalações mais robustas que comportem atividades de estocagem ou de *picking*, por exemplo. Logo, reside aí uma das principais diferenças em relação às estruturas tradicionais de armazenagem, nas quais os pedidos de clientes são atendidos com base em um estoque.

Na figura a seguir, o sistema *transit point* é sintetizado, de modo que é possível observar a estrutura como um intermediário entre fornecedor e cliente. O fluxo inicia-se pelo fornecedor, que realiza o transporte de carga consolidada até a instalação de *transit point*. Nela, a carga é recebida, separada e enviada ao cliente.

Figura 2.5 – Estrutura *transit point*

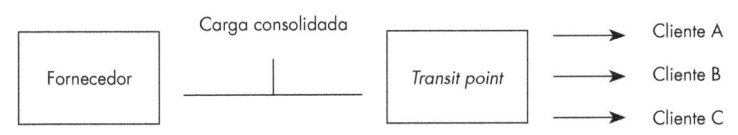

Como as mercadorias que chegam à instalação de *transit point* já estão compradas e têm destino determinado, observa-se a redução do tempo de espera, pois os pedidos podem ser rapidamente expedidos. Outra vantagem da modalidade é que ela demanda menor investimento, pois não há necessidade de estocagem (o que implica a redução de espaço) ou atividades de *picking* (fracionamento de embalagens).

Fique atento!

A operabilidade desse tipo de estrutura exige um volume de mercadorias que possibilite o transporte de cargas consolidadas de modo constante, isto é, que apresente uma frequência regular de entregas. Quando não há volume suficiente, essa estrutura emprega a estratégia de entrega programada. Assim, há uma limitação dessa modalidade, em que regiões são atendidas em datas pré-fixadas pelo baixo volume, o que implica uma baixa flexibilidade de atendimento.

Uma desvantagem dessa estrutura de distribuição é o elevado custo de transporte: é necessário realizar entregas no prazo acordado, mesmo com o desafio da distância a superar. Assim, para atender ao cliente no prazo estabelecido, há certos ônus com transporte.

São vantagens do sistema *transit point*:

- possibilidade de atendimento de diferentes clientes;
- simplicidade nas instalações;
- baixo investimento para as instalações;
- facilidade de gestão de operações;
- reduzido custo de manutenção;
- agilidade no processo de distribuição;
- menor tempo de espera;
- diminuto custo de transporte em grandes distâncias, pelo emprego de carga consolidada.

Como vantagem, Lacerda (2009) ressalta a possibilidade de transporte de cargas consolidadas em longas distâncias, sendo essa opção viável somente quando há significativo volume de carga a ser transportado. Logo, há muitas relações com o custo de transporte de CDAs, pois os dois modelos permitem a movimentação de grandes volumes consolidados a grandes distâncias.

Para saber mais

No Brasil, a modalidade de *transit point* é muito empregada pelos setores varejistas, atacadistas e de conveniência. Tal modalidade é muito utilizada, pois atende à principal característica do setor: sua capilaridade. Isso exige flexibilidade de diferentes clientes.

Um exemplo de aplicação é o Grupo Atacadista Martins, um dos maiores grupos atacadistas da América Latina, que praticamente solidificou o conceito de atacado no Brasil e se tornou referência nacional em distribuição. O grupo vende 17 mil itens diferentes, de 600 fornecedores, para 400 mil varejistas de todo o país, atendendo todos os municípios brasileiros.

Para obter informações detalhadas, acesse a publicação disponível em: CONHEÇA o Grupo Martins, o maior atacadista da América Latina. **meuSucesso.com**, 11 mar. 2016. Disponível em: <https://meusucesso.com/artigos/empreendedorismo/conheca-o-grupo-martins-o-maior-atacadista- capilaridade de atendimento da-america-latina-1134/>. Acesso em: 21 maio 2021.

2.5 Cross-docking

Assim como o *transit point*, o *cross-docking* é uma estrutura direta de distribuição. Ambos são sistemas logísticos que visam tornar a etapa de entrega mais eficiente, beneficiando as partes envolvidas, além de diminuir os custos de armazenagem.

Conforme proposto por Lacerda (2009, p. 157), as "instalações do tipo *cross-docking* operam sob o mesmo formato que os *transit point*, mas caracterizam-se por envolver múltiplos fornecedores que atendem clientes comuns".

O formato de operação dessa modalidade visa receber as mercadorias provenientes de múltiplos fornecedores, que atendem, em sua maior parte, clientes comuns. Assim como o *transit point*, é muito empregada pelas grandes cadeias de varejo, tendo o diferencial de, em vez de viabilizar a passagem de mercadorias, permitir o cruzamento destas.

Figura 2.6 – Exemplo de *cross-docking* em matérias-primas

Um exemplo de organizações que operam com *cross-docking*, além de atacado e varejo, são as empresas distribuidoras de resinas termoplásticas. Esses empreendimentos visam atender organizações que consomem determinadas resinas, mas em baixo volume. Assim, operam com grandes marcas e volumes de resinas em seus estoques e realizam a separação de pedidos para os clientes em volumes menores, com material proveniente de fornecedores diferentes.

A estrutura operacional do *cross-docking* engloba o emprego de docas de recebimento e de docas de expedição, que auxiliam na organização das atividades e facilitam o atravessamento de mercadorias e produtos.

De forma prática, essa atividade logística pode ser descrita da seguinte maneira: as mercadorias solicitadas pelos clientes já se encontram no estoque de um centro de distribuição quando há o processamento de pedido; um veículo de transporte coleta essas mercadorias e as leva para um armazém menor (*firstmile*), de onde são retiradas e entregues ao cliente (*lastmile*), ou seja, compreende o transporte que sai do centro de distribuição, por exemplo, até o destino final.

Fique atento!

A tradução literal de *cross-docking* é "cruzamento de docas", como menção ao modo como a distribuição de mercadorias ocorre. Por isso, sua sistemática compreende o uso de plataforma com docas para recebimento e para expedição de mercadorias, o que exige espaço para o material em trânsito (cruzamento) e para os veículos de transporte.

As cargas recebidas são agrupamentos provenientes de embarques de diferentes embarcadores para um mesmo destino ou redistribuição. Tal operação visa à redução de tarifas de transporte, visto que podem transportar grandes volumes consolidados a grandes distâncias.

Lacerda (2009, p. 158) também exemplifica o sistema de *cross-docking*: "Carretas completas chegam de múltiplos fornecedores e então inicia-se um processo de separação dos pedidos, com a movimentação das cargas da área de recebimento para a área de expedição".

Instalações de *cross-docking* com alto nível de eficiência, em geral, contam com apenas uma plataforma de operação com docas de recebimento de um lado e docas de expedição de outro. Produtos e mercadorias apenas atravessam a plataforma para serem embarcados (Lacerda, 2009), conforme ilustra a Figura 2.7, a seguir:

Figura 2.7 – Operabilidade via *cross-docking*

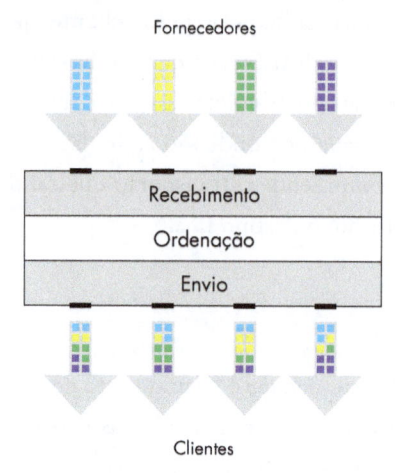

Fornecedores

Recebimento
Ordenação
Envio

Clientes

A sistemática do *cross-docking* também é observada quando cargas consolidadas são recebidas e, depois de separadas e montadas em novas consolidações, enviadas aos clientes.

Como já aludimos, no *cross-docking* há a necessidade de espaço para formação de estoque; afinal, trata-se de uma modalidade em que o pedido é montado com mercadorias oriundas de muitas origens. Em certas situações, a depender da origem, é necessário certo tempo de espera para que a carga seja fechada e, posteriormente, enviada ao destino final. Assim, até que o pedido seja finalizado, este necessita de um espaço para ser mantido (estoque).

Fique atento!

A principal diferença entre o modelo tradicional de armazenagem e distribuição e o *cross-docking* é que, no primeiro, mercadorias e produtos chegam e são armazenados até que o cliente realize um pedido, e, no segundo, o pedido já está posto, o que acelera o processo e elimina gargalos de espera.

São vantagens do sistema *cross-docking*:

- agilidade no processo de distribuição;
- instalações de baixo custo;
- amplitude de atendimento;
- diversificação de cargas;
- possibilidade de emprego de sistemas de informação;
- minimização de movimentação.

Sistemas automatizados de *cross-docking* dispõem de leitores de códigos de barras, que auxiliam na identificação de origem e destino das mercadorias e produtos movimentados. Isso possibilita o rápido direcionamento de carga e o consequente carregamento para a entrega final (Lacerda, 2009).

Perguntas & respostas

Em que diferem as estruturas de *cross-docking* e *transit point*?

Estruturas do tipo *cross-docking* empregam praticamente o mesmo formato que o *transit point*, mas envolvem muitos fornecedores atendendo os mesmos destinos. Outra diferença é o que, no *cross-docking*, faz-se necessário espaço para estocagem.

Uma tendência na experiência do cliente e na otimização empresarial, no que diz respeito à distribuição de mercadorias, é o emprego de *lockers* inteligentes (Figura 2.8). Atualmente, ainda são poucas as organizações que empregam essa inovação em coleta e entrega de mercadorias.

Figura 2.8 – Exemplo de *lockers*

O *cross-docking* apoiado por *lockers* caracteriza-se pela seguinte sistemática: em um período do dia, geralmente pela manhã, as mercadorias são alocadas em seus respectivos *lockers*, onde permanecem até que sejam coletadas (por colaboradores autorizados) e levadas até o cliente. Geralmente, esses recursos estão localizados em áreas estratégicas da região. Assim, é possível ao operador de *e-commerce* disponibilizar a mercadoria no *locker* indicado pelo cliente. Com essa modalidade, ao unir o *cross-docking* e a tecnologia dos *lockers*, ganha-se tempo em entregas, principalmente aquelas realizadas via *on-line*, bem como reduz-se o gasto com estoque.

Essa tendência pode ser agregada ao *cross-docking* em logística *lastmile* de organizações que operam via *e-commerce*. O objetivo dessa proposta de empreendimento é viabilizar e ampliar a distribuição de mercadorias e produtos, reduzindo custo de transporte e aumentando a eficiência de entrega por meio de *lockers*.

O que é?

Locker **inteligente** consiste em um armário que viabiliza a ampliação de processos logísticos de coleta, sistema orientado ao *e-commerce*. Sua métrica segue a de guarda-volumes, em que, após adquirir uma mercadoria, o cliente pode retirá-la em um prazo e em um local preestabelecidos. Por exemplo, por esse sistema, um posto de gasolina, uma estação rodoviária ou uma localidade pública podem converter-se em um local de retirada de mercadorias. Os *lockers* contam com vigilância monitorada 24 horas e seu sistema de segurança dispõe de aplicativo para abertura e sistema de alarme. Para saber mais sobre *lockers* e sua aplicação, recomendamos a leitura do seguinte material:

SERVIÇOS por meio de lockers inteligentes têm crescido no Brasil. **PrimeAction**, 27 mar. 2020. Disponível em: <https://www.primeaction.com/servicos-por-meio-de-lockers-inteligentes-tem-crescido-no-brasil/>. Acesso em: 21 maio 2021.

Observe que a abordagem *cross-docking* é aplicada ao uso de *lockers*, pois estes envolvem operações de rápida movimentação de mercadorias expedidas, ocorridas entre usuários e vendedores *on-line*.

2.5.1 Cross-docking no e-commerce

O *cross-docking* pode ser implementado no *e-commerce*, um dos segmentos que mais cresce no mundo. Quando tal combinação ocorre, o sistema logístico concentra-se na divisão de tarefas, a qual ocorre da seguinte maneira: descentralizam-se as ações de estocagem do varejista, que poderá focar mais em ações do negócio principal, tais como atualização da plataforma digital, ações de *marketing* de conteúdo e digital. Nessa ação, o trabalho logístico fica a cargo dos centros de distribuição, que operam conjuntamente com os fornecedores.

Além de oferecer flexibilidade ao varejista, esse modelo de *cross-docking*, quando aplicado ao *e-commerce*, também tem como vantagens a redução do tempo de mercadorias em estoque, a redução do espaço necessário para armazenagem, o incremento do giro de estoque e a consequente redução de custos logísticos.

2.6 Merge in transit

O *merge in transit* também é um sistema de distribuição logístico, podendo ser compreendido como uma extensão do *cross-docking* com o acréscimo da metodologia *just in time*, sendo muito empregado na distribuição de produtos de alto valor agregado, formados por múltiplos componentes, cujas partes são produzidas em diferentes organizações. Um exemplo de segmento que emprega essa estrutura é o de eletrônicos.

O que é?

Just in time consiste em um modo de administração da produção no qual a principal premissa é a limitação da produção e suas demais atividades correlatas a quando ela realmente for necessária. Em outras palavras, tudo (produção, transporte e aquisição) deve ser realizado em "seu momento certo". É uma metodologia passível de ampla aplicação empresarial, com destaque àquelas que desejam reduzir custos com estoques e tempo de espera em seus processos e operações.

Essa metodologia de distribuição pode ser compreendida como um modo de "consolidação em trânsito" de produtos e mercadorias. Organizações que operam com essa modalidade empregam o seguinte formato de trabalho: a coordenação do fluxo não se dá pela movimentação, mas pelo *lead time* de produção e transporte de produtos e mercadorias.

Fique atento!

Os componentes são consolidados em armazéns centrais e expedidos aos clientes conforme a disponibilidade de estoques. Essa modalidade pode acarretar movimentações redundantes. Em razão dessa especificidade, apresenta alto custo de estoque e grande risco de obsolescência (Lacerda, 2009). Isso significa que há consolidação de produtos e mercadorias em instalações próximas aos clientes, ainda que essa consolidação seja guiada pelo tempo desde o processamento do pedido até sua finalização, sendo movimentado somente quando houver real necessidade do produto/mercadoria (*just in time*).

No sistema de distribuição *merge in transit*, os itens demandados chegam *just in time*, após a solicitação do cliente; somente nesse momento são processados e enviados, eliminando-se a necessidade de estocagem.

Em tal modalidade, os componentes provenientes de diferentes origens são consolidados em centrais próximas ao mercado consumidor para posterior envio ao cliente final, somente quando este solicitá-lo.

Assim, no *merge in transit* não há necessidade de formação de estoques intermediários, o que pode exigir um controle muito mais rigoroso no que diz respeito às atividades de execução durante o *lead time*, pois o produto somente será encaminhado ao destino final quando realmente for necessário no estoque do cliente.

Fique atento!

Esse tipo de estrutura demanda uma constante coordenação do fluxo de componentes, de forma a viabilizar um eficiente processo produtivo. Logo, é necessário que a consolidação e o transporte estejam disponíveis em locais muito próximos ao mercado consumidor para que, assim, possa ser prontamente atendido quando necessitar.

Como vimos, tanto o *transit point* quanto o *cross-docking*, como estruturas logísticas, auxiliam na atividade de distribuição pela qual produtos/mercadorias são expedidos diretamente ao cliente. Abrangem estruturas que "têm como principal objetivo compatibilizar um fluxo ágil de mercadorias na cadeia de suprimentos e baixos custos de transporte" (Fleury; Wanke; Figueiredo, 2009, p. 153).

"Embora seja operacionalmente simples, para que haja sucesso na operação de *cross-docking* é preciso alto nível de coordenação entre os participantes" (Lacerda, 2009, p. 158). É justamente nesse fluxo que o papel da logística se destaca ao viabilizar a coordenação de tais atividades, até que produtos/mercadorias cheguem corretamente a seus destinos, conforme explicado por Lacerda (2009) ao indicar que o trabalho da logística é disponibilizar produtos onde e quando são necessários.

Exercício resolvido

A competitividade no meio empresarial também se apresenta no âmbito logístico, com destaque às operações de armazenagem e distribuição, em que a adoção de sistemas de distribuição converteu-se em um relevante fator de sucesso e diferenciação para um ambiente empresarial dinâmico. Sobre distribuição e suas estruturas, analise as alternativas apresentadas e indique a correta:

   a. No *transit point*, há a necessidade de formação de estoques intermediários, o que exige um controle mais rigoroso quanto à posição atual de estoque.

b. Centro de distribuição é uma estrutura de distribuição direta, em que o estoque se encontra posicionado estrategicamente em pontos específicos de uma cadeia de suprimentos.
c. Entre as vantagens do sistema *cross-docking*, constam aspectos como agilidade de distribuição, diversificação de cargas e minimização de movimentação.
d. As estruturas de *cross-docking* e *transit point* empregam o mesmo formato, seja em estrutura, seja em forma de atendimento aos fornecedores, seja em sistemática de operação.

Gabarito: c

***Feedback* da atividade**: a alternativa "a" não está correta, pois no *transit point* não há necessidade de formação de nenhuma forma de estoque — a premissa básica desse tipo de estrutura de distribuição é exatamente o contrário, ou seja, produtos e mercadorias apenas passam pela estrutura. A alternativa "b" está incorreta, pois o centro de distribuição avançado é um tipo de estrutura de distribuição escalonada, cuja localização visa ao pronto atendimento às demandas de clientes, de áreas específicas, que se situam distantes de suas fontes produtoras. A alternativa "d" está equivocada, pois estruturas do tipo *cross-docking* empregam, praticamente, o mesmo formato que o *transit point*, mas envolvem muitos fornecedores atendendo os mesmos destinos.

2.7 Hub logístico

O *hub* logístico é o espaço em que cargas/mercadorias encontram-se dispostas antes de serem redistribuídas, podendo ser, por exemplo, um porto ou aeroporto. Assim, *hubs* equivalem a conexões estruturais de distribuição e de logística. Trata-se de uma espécie de centro integrado de transbordo, armazenagem, coleta, produção e distribuição de mercadorias e bens. Do ponto de vista logístico, empresas que contam com *hubs* para disposição de cargas/mercadorias desfrutam de vantagens no que tange ao gerenciamento desses produtos, tais como infraestrutura de ponta e localização estratégica que atendem e otimizam a complexidade das operações logísticas.

Fique atento!

Os *hubs* são amplamente empregados tanto no modal aéreo quanto no rodoviário, sendo o de **categoria aeroportuária** indicado para empresas que operam com transporte internacional de cargas. Nessa modalidade, as empresas concentram suas rotas internacionais em um mesmo aeroporto, no qual estará localizado seu *hub*. É nessa estrutura que as cargas a serem transportadas obrigatoriamente transitarão antes de serem encaminhadas aos destinos finais. Ao concentrar cargas/mercadorias em um mesmo ponto, o controle de entrada e saída é facilitado; além disso, o preço pago pelo usuário é reduzido porque a operação via *hub* facilita a consolidação de cargas. Já a **categoria rodoviária** atua tanto com cargas/mercadorias nacionais quanto internacionais. Nessa modalidade, há primeiramente a concentração de cargas/mercadorias provenientes de diferentes localidades para consolidação, para posterior embarque. Entre as vantagens dessa modalidade estão a oferta de prazos (coleta e entrega) mais prolongados e a consolidação em períodos determinados.

O *hub* logístico tem como função integrar as múltiplas atividades logísticas, agregando valor às atividades logísticas de uma ampla rede. Logo, essas estruturas atuam como estratégia logística no que concerne a custo, qualidade e serviço. Entre os resultados esperados, constam os seguintes: redução do *lead time*; melhoria do desempenho de entrega; localização geográfica; melhoria do nível de serviço; redução de custos logísticos; aumento do *market share*.

2.7.1 Hubs para e-commerce

Nunca antes o *e-commerce* foi tão presente nas atividades pessoais e organizacionais, tornando-se um dos segmentos empresariais que mais crescem no mundo. Pelo fato de o consumo *on-line* ser cada vez mais procurado, o setor necessita constantemente observar aspectos como bom atendimento e relacionamento, preços competitivos e uma eficaz logística de entrega. Nesse contexto, é oportuno citar uma das principais propostas de distribuição que revolucionou a logística em 1971: o *hub* logístico, primeiramente desenvolvido e aplicado pela empresa Federal Express (FedEx), e que atualmente é empregado por muitas organizações de comércio *on-line* como a Amazon e o Mercado Livre.

Figura 2.9 – Terminal de carga e descarga FedEx do Aeroporto Internacional de Harrisburg, nos Estados Unidos

Andrej Safaric/Shutterstock

O *hub* logístico surgiu como resposta à demanda de uma época em que os custos de transporte logístico *lead time* eram muito elevados e nada competitivos. Esse recurso encontra respaldo na configuração de um ponto de distribuição centralizado que realiza a consolidação de mercadorias e posterior ligação entre os demais pontos de distribuição de uma cadeia, logo, caracteriza-se pela interrupção da entrega direta.

É importante salientar que o *hub* logístico é aplicado não somente no setor de distribuição, mas também no transporte marítimo. No Brasil, por exemplo, o *hub* é o Porto de Santos, ao qual todos os grandes navios chegam com cargas, que posteriormente são direcionadas para portos menores no território nacional. Logo, a aplicação do *hub* logístico não está limitada a um único modal.

Exemplificando

Nas operações da empresa FedEx, na cidade de Memphis, nos Estados Unidos, durante o dia, aviões realizam as coletas de cargas consolidadas para entrega no *hub* central. Nesse local, as cargas passam pelo *cross-docking* automatizado com rastreio de mercadoria, geralmente durante a noite. Na sequência, são novamente carregadas em outro avião, que leva a carga para outro ponto, a partir do qual, em outro modal, é realizado o envio ao destino final. Assim, torna-se possível entregar um volume muito grande de carga, de um dia para outro, proveniente de diferentes partes e para diferentes localidades.

Com base nesse esclarecimento, convidamos você a conferir, nos próximos parágrafos, como o *hub* pode ser empregado no *e-commerce*. Trata-se de uma plataforma de integração de *marketplaces* (mercado virtual) que auxilia na centralização da operação do vendedor e na automatização do processo.

O que é?

Para Albertin (2004), **comércio eletrônico** constitui a realização de todos os processos de um negócio, porém, em um ambiente eletrônico e virtual. Nesse modelo de transações, tem-se a aplicação intensa de tecnologias de comunicação e de informação. A comercialização pelo ambiente virtual é, em geral, sustentada por sistemas de comércio eletrônico, também chamados de *lojas virtuais*.

Uma plataforma de *e-commerce* consiste em um sistema que processa o gerenciamento e a visualização de uma loja no ambiente virtual. Trata-se, portanto, de um sistema que possibilita a criação de uma loja, pelo qual é possível gerenciar produtos, preços, posição de estoque e demais ações que compreendem a rotina operacional de um comércio eletrônico (Relvas, 2005).

Nesse contexto, o *hub* de *e-commerce* consiste em uma ferramenta extremamente relevante em negócios digitais, pois, ao automatizar o processo, sobra tempo para que a empresa se concentre em estratégias de venda, *marketing* digital e de conteúdo. Esse recurso logístico tem a função de integrar e conectar os usuários, com destaque aos *marketplaces*. A sistemática de operabilidade dessa modalidade pode ser descrita da seguinte maneira: o *hub* se conecta com a plataforma de *e-commerce* ou a sistemas integrados de gestão empresarial, tais como o *enterprise resource planning* (ERP) do vendedor, onde é captado todo o portfólio de mercadorias, nível de preços e posição de estoque. Após essa captação, as informações são disponibilizadas massivamente nos diversos *marketplaces*.

Fique atento!

Quando não se opera com *hub* no *e-commerce*, muito tempo é dispendido em operações manuais, como publicação individual e criação de regras em cada *marketplace*, ou necessidade de constante atualização de estoque, a qual, esse caso, precisa ser realizada manualmente em cada canal de venda. Soma-se a essa dificuldade o fato de que as ações manuais podem acarretar erros de lançamento, furo de estoque e, principalmente, uma experiência negativa do usuário.

Portanto, o emprego de *hub* no *e-commerce* gera maior visibilidade e acesso a diferentes mercados, uma vez que é possível trabalhar e integrar diversos *marketplaces* ao mesmo tempo. Outras vantagens do *hub* no *e-commerce* são:

- flexibilidade de perfil de usuário;
- publicação de produto em massa;
- centralização de operações;
- atualização de estoque.

Logo, o *hub* no *e-commerce* visa atender às regras dos *marketplaces* com os quais opera. Por ser uma plataforma centralizadora e integradora, viabiliza e acelera a publicação de anúncios, controla e atualiza a posição de estoque, realiza o gerenciamento forte de pedidos e automatiza processos para que a ação seja voltado principalmente para o negócio, e não para o operacional.

2.8 Condomínio monousuário e *flex*

Como já informamos, existem diversos tipos de condomínio logístico, cada qual com suas especificidades. Contudo, eles têm a mesma função: armazenamento estratégico e escoamento eficaz. Essas estruturas são dedicadas à atividade logística e caracterizam-se principalmente pelo compartilhamento de infraestrutura por organizações condôminas, que têm como objetivo o rateamento dos custos (Ilos, 2013).

Entre as principais atividades desenvolvidas em condomínios logísticos, constam as mesmas de um centro de distribuição:

- movimentação;
- recebimento;
- estocagem;
- *cross-docking*;
- carregamento;
- montagem;
- composição de cargas;
- etiquetagem;
- precificação;
- customização;
- inspeção;
- transferência de informações;
- separação;
- embalagem;
- endereçamento.

O condomínio se assemelha ao armazém comum; no entanto, sua atividade é exercida de maneira diferente. Enquanto em um armazém cargas/mercadorias permanecem alocadas e armazenadas, no condomínio logístico a atividade é constante e intensa.

Quanto a sua tipologia, os condomínios logísticos podem variar no que respeita à necessidade de armazenagem e acondicionamento (monousuário e *flex*), cujas características refletem diretamente sobre a atividade de distribuição.

Condomínios logísticos do tipo **monousuário** são estruturados e customizados para atender a uma única empresa; nessa estrutura, seus fornecedores armazenam mercadorias e produtos. A principal característica desse modelo é sua proposta de construção, que segue o padrão *built-to-suit* (sob encomenda). Nesse tipo de instalação, o projeto e a construção são orientados segundo as características do usuário.

A distribuição nesse tipo de modelo pode utilizar as estruturas abordadas anteriormente (escalonada ou direta), sendo a mais usual a *cross-docking*. Quando destinadas a essa aplicação, as instalações são projetadas apenas para a movimentação de cargas.

No Brasil, a Amazon anunciou, em setembro de 2020, a abertura do quinto centro de distribuição no Brasil, o que habilitou a expansão do *e-commerce* brasileiro. O novo centro de São Paulo será o maior da empresa no país, com mais de 100 mil metros quadrados (Amazon..., 2020).

Um exemplo de modelos monousuários são os armazéns de *hub* da Amazon Prime. Na Figura 2.10, apresentamos um armazém da empresa no Reino Unido. Esse tipo de estrutura é projetado com o propósito de atender às demandas de operação do cliente.

Outro exemplo de monousuário são os *hubs* do grupo Natura, sobre o qual tratamos no estudo de caso deste capítulo. Suas docas são projetadas apenas para os caminhões automáticos desenvolvidos exclusivamente para o transporte de seus paletes.

Figura 2.10 – *Hub* Amazon Prime

Já os grandes condomínios que atendem a todos os formatos logísticos e recebem empresas nos mais variados segmentos são chamados *flex*. A distribuição pode ser empregada pelas estruturas escalonada ou direta.

Nesse tipo de estrutura, é possível realizar o compartilhamento de espaço de forma mais flexível, visto que seu projeto e construção não se limitam às especificidades de determinado cliente, como no monousuário. Sua estrutura é, portanto, mais acessível e universal a diferentes usuários. Em razão dessa característica, seu emprego é mais amplo.

Exercício resolvido

Condomínios logísticos e plataformas logísticas compreendem exemplos de espaços corporativos que viabilizam a integração e a centralização de diversas atividades logísticas, que têm como principal característica ganhos de escala em toda a cadeia de suprimento, desde as etapas iniciais até as finais. Sobre esses espaços, analise as alternativas apresentadas e indique a correta:

a. Condomínios logísticos do tipo monousuário são estruturados e customizados para atender às operações de um único produto e, assim, suprir as necessidades de seu cliente.
b. A estrutura de *hub* logístico é aplicada somente no setor de distribuição e, como tal, sua aplicação limita-se ao emprego de apenas um modal de transporte e estrutura de armazenagem.
c. O *hub* no *e-commerce* tem como benefício maior visibilidade e acesso a diferentes mercados, uma vez que é possível trabalhar e integrar diversos produtos digitais ao mesmo tempo.
d. Grandes condomínios que atendem a todos os formatos logísticos e recebem empresas nos mais variados segmentos são chamados *flex*.

Gabarito: d

***Feedback* da atividade:** a alternativa "a" não está correta, pois condomínios logísticos do tipo monousuário são estruturados e customizados para atender às operações de um único cliente. A alternativa "b" está incorreta, pois o *hub* logístico pode ser aplicado a outros setores, não sendo exclusivo da atividade de distribuição nem limitado a um único modal. A alternativa "c" está equivocada, pois o *hub* no *e-commerce* tem como benefício maior visibilidade e acesso a diferentes mercados, uma vez que é possível trabalhar e integrar diversos *marketplaces* ao mesmo tempo.

Para encerrarmos este capítulo, destacamos que não existe um único caminho a seguir no âmbito da armazenagem e distribuição. As soluções empresariais devem ser as mais adequadas às características e demandas de cada organização, bem como se alinhar a suas estratégias. É possível encontrar combinações estruturais que unam as vantagens da consolidação escalonada e a flexibilidade responsiva de um sistema direto.

Estudo de caso

HUB de Cosméticos 100% automatizado de ponta a ponta

A Natura é a maior empresa dos setores de cosméticos, higiene pessoal e perfumaria do Brasil. Seus produtos chegam para mais [de] 100 milhões de consumidores da América Latina e da Europa através de uma equipe de mais de 1 milhão e 700 mil consultoras.

Para garantir a satisfação de seus clientes, diminuir os erros de sua cadeia logística e ao mesmo tempo atingir as metas internas de responsabilidade social e ambiental, a Natura conta há mais de 20 anos com a experiência da SSI SCHAEFER no planejamento e implementação de diversas soluções logísticas de armazenagem e preparação de pedidos automatizados.

Um dos projetos mais recentes dessa parceria entre a SSI SCHAEFER e a Natura é a construção do HUB de Itupeva, no interior de São Paulo.

Com uma área construída de 35.000m² e capacidade de armazenar 3 milhões e 600 mil caixas, o HUB recebe por dia cerca de 20 carretas provenientes de suas fábricas próprias e terceiristas.

Quando os paletes chegam, passam por uma estação de controle, onde é verificado, através de sensores, se o palete e a unidade de carga estão em perfeitas condições para serem armazenados.

Após essa checagem, os paletes são direcionados para o armazém vertical. Esse armazém tem uma capacidade de 90.000 posições de armazenagem e é equipado com 13 transelevadores, que além de movimentarem os paletes de forma completamente automática, garantem uma elevada eficiência energética do processo.

Uma vez que os paletes são retirados do armazém vertical, eles podem ir tanto para a área de expedição quanto para a área de despaletização, dependendo da quantidade solicitada pelos Centros de Distribuição.

Quando o palete é despaletizado, as caixas são enviadas para o inovador sistema Navette, que armazena e organiza os mais de 1.000 produtos diferentes da Natura, permitindo a montagem robotizada de paletes mistos, contendo os produtos e quantidades exatas solicitadas.

Todo o HUB é gerenciado pelo software logístico WAMAS®, que controla e otimiza todos os processos operacionais.

Para atender o Centro de Distribuição em São Paulo, situado a 70 km do HUB, uma carreta automática foi desenvolvida especialmente para a NATURA. Essa carreta permite levar até 48 paletes simultaneamente e carregá-los de forma 100% automática em até 5 minutos. Garantindo a qualidade e a agilidade no processo de expedição.

Graças à tecnologia de ponta implantada no HUB, cerca de 3.000 paletes são expedidos diariamente para todo o mundo.

Fonte: Hub Natura..., 2021.

Para saber mais

Para atender ao centro de distribuição de São Paulo, que está a uma distância de 70 km do *hub*, o envio da Natura também é realizado em carreta automática, o que assegura a qualidade e a agilidade no processo de expedição. Para saber um pouco mais sobre esse caso, recomendamos a leitura da seguinte publicação:

NATURA inaugura hub logístico com tecnologia inédita no Continente. **Revista Logística & Supply Chain**. Disponível em: <https://www.imam.com.br/logistica/noticias/2191-natura-inaugura-hub-logistico-com-tecnologia-inedita-no-continente>. Acesso em: 21 maio 2021.

Síntese

- São diversos os aspectos que convertem a logística empresarial em elemento essencial aos processos e sistemas de distribuição de produtos e mercadorias, tais como a capacidade de entregar eficiência e qualidade ao mercado.
- O centro de distribuição avançado (CDA) não visa ao atendimento direto de determinados clientes, que se localizam muito distante das fontes produtoras. Opta-se por atendê-los via um posto avançado que atenda a curtas distâncias, com a mesma qualidade de um armazém central.
- O *transit point* tem muitas das características de um CDA, com a principal diferença de não manter um estoque. Essa é uma alternativa logística para atender a mercados distantes de armazéns centrais.
- O *cross-docking* consiste em uma operação logística que envolve a entrega de mercadorias provenientes de múltiplos fornecedores, podendo atender clientes comuns.
- O *merge in transit* compreende uma metodologia de distribuição em que os componentes de diferentes origens de produtos/mercadorias são armazenados e consolidados em centrais, sendo distribuídos aos clientes somente quando estes necessitarem, ou houver disponibilidade em estoque.
- Estruturas do tipo *transit point* são sistemas de distribuição que expedem mercadorias diretamente ao cliente por meio de um ou mais armazéns centrais.
- Tanto o *transit point* como o *cross-docking* são sistemas de distribuição que auxiliam os processos de transporte de cargas/mercadorias em contextos específicos de atendimento.
- Sistemas *transit point*, *cross-docking* e *merge in transit* operam com cargas consolidadas, que são agrupamentos de cargas, provenientes de diferentes embarques e com um mesmo destino. Sua principal contribuição é a redução do custo de transporte.

- O *hub* no *e-commerce* compreende uma plataforma de centralização e integração de canais de venda e sistemas de gestão, que se conecta em um lugar só, desde *marketplaces* até lojas virtuais, ERP e logística empresarial.
- Existem dois principais tipos de condomínios logísticos operando no Brasil: monousuários, aqueles individualizados e projetados para atender a um único cliente, e os *flex*, que atendem às diversas atividades e demandas de usuários agrupados ou não.

Segurança do trabalho

Conteúdos do capítulo

- Segurança do trabalho em espaço logístico.
- Casos práticos de segurança logística.
- Organização e movimentação do espaço logístico.

Após o estudo deste capítulo, você será capaz de:

1. listar aspectos fundamentais de segurança do trabalho
2. reconhecer a importância da segurança do trabalho no ambiente logístico;
3. identificar os principais aspectos de segurança aplicáveis à logística empresarial;
4. caracterizar a adequada segurança para armazéns e condomínios logísticos;
5. reconhecer exemplos práticos em armazéns e condomínios logísticos.

Neste capítulo, apresentamos os conceitos e as terminologias fundamentais referentes aos condomínios logísticos no que diz respeito à relação estrutural dessas instalações com a segurança de trabalhadores e do espaço utilizado. Abordamos a segurança do trabalho em armazéns e condomínios logísticos sob a perspectiva da terminologia empregada nas principais atividades logísticas desenvolvidas nesses espaços. Além disso, buscamos elucidar neste capítulo a relação entre essa temática e as métricas e a terminologia técnica da logística empresarial e suas operações.

capítulo 3

3.1 Introdução à segurança logística

O crescimento contínuo do mercado em seus diferentes segmentos gera automaticamente o aumento da procura por espaços que comportem tal demanda. No entanto, os grandes centros industriais já não dispõem de espaço para abrigar suas estruturas de armazenagem e suprir a necessidade de constante espaço para ampliação do negócio. Nesse sentido, os condomínios logísticos representam uma excelente solução para o aperfeiçoamento de operações logísticas, facilitando o manuseio e a distribuição.

Como explicamos nos capítulos anteriores, antes da escolha de um galpão logístico, é preciso levar em consideração aspectos como localização estratégica, comodidade, espaço útil, qualidade e segurança da infraestrutura da construção.

À primeira vista, algumas atividades laborais parecem não ameaçar ou comprometer a disponibilidade do trabalhador. No entanto, atividades operacionais, tais como as logísticas, requerem cuidados com a segurança dos trabalhadores.

O que é?

O termo *segurança* deriva do latim *securitas*, que significa "qualidade do que é seguro", ou seja, o que se encontra protegido contra perigos, danos ou riscos (Damásio, 2014). Com base no significado desse conceito, convém destacar a seguinte contradição: em muitas situações, a constante necessidade de produtividade segue na contramão da segurança — há a preocupação apenas com a produção, e os aspectos ligados aos riscos laborais são deixados de lado.

Como elemento de suma importância ao sucesso organizacional, o capital humano demanda cuidado, postura fundamental para que esse grupo ofereça seu nível máximo de produtividade. Logo, a segurança do trabalho converte-se em um fator essencial à rotina profissional, especialmente em atividades logísticas, nas quais o contato com cargas e equipamentos faz parte do cotidiano.

Fique atento!

A segurança logística deve ir além das operações internas, abarcando toda a cadeia logística (Damásio, 2014).

Sendo assim, nosso objetivo neste capítulo é proporcionar uma visão geral sobre a segurança dos colaboradores e do espaço logístico, bem como contribuir para a redução de riscos em ambientes de condomínios logísticos e limitar as consequências decorrentes de um eventual incidente.

Não se pode esquecer que, no âmbito da segurança do trabalho, a prática sempre deve ser estruturada e acompanhada por um profissional devidamente capacitado e habilitado. Tais cuidados podem ser conduzidos e atendidos com a implantação de programas de saúde e segurança, por meio de uma equipe multidisciplinar composta pelos seguintes profissionais da área do trabalho: o técnico de segurança, o engenheiro, o médico e o enfermeiro. Esses especialistas formam o Serviço Especializado em Engenharia de Segurança e Medicina do Trabalho (SESMT).

3.2 Segurança do trabalho

Não se sabe com precisão quando os acidentes e as doenças relacionadas ao trabalho passaram a fazer parte das preocupações de empreendedores. Há registros de que, já no século IV a.C., certas moléstias acometiam mineiros e metalúrgicos. Entretanto, com a Revolução Industrial, no final do século XVIII, e com o aparecimento das máquinas de tecelagem movidas a vapor, a ocorrência de acidentes se elevou de um modo nunca antes visto (Miranda, 1998). Conforme Miranda (1998), a produção, que antes da revolução citada era manual, passou a ser realizada em fábricas mal-estruturadas, pouco ventiladas, com ruídos altíssimos e em máquinas sem qualquer critério de proteção. Mulheres, homens e principalmente crianças foram as grandes vítimas desse período. A Figura 3.1, a seguir, mostra uma criança no ambiente industrial nos Estados Unidos, exemplo de uma dinâmica que se instaurou em ambientes fabris por todo o mundo no século XIX.

Figura 3.1 – Trabalho infantil

Library of Congress Prints and Photographs Division Washington, D.C. 20540 USA

Nessa época, os problemas relacionados à saúde da população trabalhadora intensificaram-se, pois houve um aumento no número de acidentes causados pelo uso dos novos equipamentos dos chãos de fábrica. A falta de treinamento, as longas jornadas de trabalho e o emprego de mão de obra infantil contribuíram significativamente para esse cenário. Cumpre destacar que, nesse período, a legislação do trabalho ainda não existia; logo, muitas vezes o trabalhador acidentado era abandonado à própria sorte (Miranda, 1998; Gonçalves, 2008).

No Brasil, o processo de industrialização foi impulsionado a partir da Segunda Guerra Mundial. Contudo, a situação dos trabalhadores brasileiros não foi diferente daquela dos que eram explorados em solo europeu e americano, pois as condições de trabalho aqui também eram inadequadas, fato que, durante anos, matou e mutilou trabalhadores.

Fique atento!

Com o objetivo de melhorar as condições de saúde e de trabalho no Brasil, várias leis sociais foram criadas a partir da década de 1930; entre as repercussões geradas, podemos citar a formação da Comissão Interna de Prevenção de Acidentes (Cipa), que se tornou eletiva em 1944 (Saliba; Pagano, 2009).

Com o incremento da industrialização brasileira a partir da década de 1950, surgiram os primeiros médicos do trabalho. Estes tinham a responsabilidade exclusiva de fazer a manutenção das linhas de produção com trabalhadores saudáveis e aptos, devendo afastar aqueles que sofriam de algum mal ou de sequelas de um acidente (Saliba; Pagano, 2009).

Assim, naquela época, quase nada se fazia com vistas à prevenção, pois a única preocupação referia-se à perda de disponibilidade laboral e aos prejuízos ao empregador causados pelos acidentes.

3.2.1 Acidente de trabalho

De acordo com a Lei 8.213, de 24 de julho de 1991 (Brasil, 1991), *acidente de trabalho* é definido como aquele que

> Art. 19 [...] *ocorre pelo exercício do trabalho a serviço de empresa ou de empregador doméstico ou pelo exercício do trabalho dos segurados referidos no inciso VII do art. 11 desta Lei, provocando lesão corporal ou perturbação funcional que cause a morte ou a perda ou redução, permanente ou temporária, da capacidade para o trabalho.*

Para Gonçalves (2008), essa definição não é plenamente satisfatória, pois o conceito de acidente de trabalho também deve considerar as consequências sobre o indivíduo, como lesões, perturbações ou doenças ocupacionais. Assim, para o autor citado, a definição constante na lei compreende a ocorrência de eventos com potencial de interferir no andamento normal da atividade laboral, pois, além do ser humano, outros aspectos de uma organização podem ser impactados, como a produção, as máquinas, as ferramentas, os equipamentos, o tempo e outros recursos.

Tendo-se em vista que o setor logístico é responsável pela geração de milhares de postos de trabalho e que sua participação nos resultados das organizações é de grande relevância, é fundamental o investimento na saúde e na segurança dos trabalhadores dessa área, na qual se observa um elevado índice de acidentes e doenças ocupacionais, uma vez que representa uma exigência para toda e qualquer atividade profissional.

Fique atento!

Dados do Anuário Estatístico da Previdência Social publicado em 2017 demonstraram que, entre 2012 e 2016, foram registrados no Brasil 3,5 milhões de casos de acidente de trabalho. Dessas ocorrências, 13.363 resultaram na morte de pessoas, o que gerou um custo de cerca de 22 bilhões de reais para os cofres públicos com gastos como auxílio-doença, aposentadoria por invalidez, pensão por morte e auxílio-acidente para pessoas que ficaram com sequelas. Destaca-se que nos cinco anos anteriores ao estudo em questão, 450 mil pessoas sofreram algum tipo de fratura enquanto trabalhavam (Brasil, 2017).

Conforme Araújo (2008), o acidente do trabalho é caracterizado quando ao menos uma das situações a seguir é constatada:

1. **Doença profissional**: aquela gerada ou estimulada pelo exercício do trabalho peculiar a determinada atividade.
2. **Doença do trabalho**: aquela adquirida ou desencadeada em função de condições especiais em que o trabalho é realizado e/ou com ele se relacione diretamente, conforme ilustrado na Figura 3.2, a seguir.

Figura 3.2 – Exemplo de acidente de trabalho

Halfpoint/Shutterstock

Equiparam-se também à classificação de acidente do trabalho, segundo a Lei n. 8.213/1991, as seguintes situações:

> I – *o acidente ligado ao trabalho que, embora não tenha sido a causa única, haja contribuído diretamente para a morte do segurado, para redução ou perda da sua capacidade para o trabalho, ou produzido lesão que exija atenção médica para a sua recuperação;*
>
> II – *o acidente sofrido pelo segurado no local e no horário do trabalho, em consequência de:*
>
> *a) ato de agressão, sabotagem ou terrorismo praticado por terceiro ou companheiro de trabalho;*

b) *ofensa física intencional, inclusive de terceiro, por motivo de disputa relacionada ao trabalho;*

c) *ato de imprudência, de negligência ou de imperícia de terceiro ou de companheiro de trabalho;*

d) *ato de pessoa privada do uso da razão;*

e) *desabamento, inundação, incêndio e outros casos fortuitos ou decorrentes de força maior.*

III — a doença proveniente de contaminação acidental do empregado no exercício de sua atividade.

IV — o acidente sofrido pelo segurado ainda que fora do local e horário de trabalho:

a) *na execução de ordem ou na realização de serviço sob a autoridade da empresa;*

b) *na prestação espontânea de qualquer serviço à empresa para lhe evitar prejuízo ou proporcionar proveito;*

c) *em viagem a serviço da empresa, inclusive para estudo quando financiada por esta dentro de seus planos para melhor capacitação da mão de obra, independentemente do meio de locomoção utilizado, inclusive veículo de propriedade do segurado.* (Brasil, 1991)

Tanto nos estudos de Araújo (2008) quanto nos de Gonçalves (2008), são considerados os seguintes fatores como causadores de acidentes de trabalho:

- condição insegura inerente às instalações, como máquinas e equipamentos;
- fatores pessoais (personalidade) dos indivíduos;
- ato inseguro, entendido como atitudes indevidas do elemento humano;
- eventos catastróficos, como inundações e tempestades (independentemente da ação da empresa ou do empregado).

Um exemplo que une condição insegura e ato inseguro é indicado na Figura 3.3, a seguir. Nela, nota-se que a condição insegura consiste em deixar um piso molhado, o que pode acarretar acidente. Tal falta representa também um ato inseguro, pois, embora haja a sinalização, as pessoas continuam a transitar no local.

Figura 3.3 – Exemplo de condição e ato inseguro

Um acidente de trabalho é um evento resultante tanto de um ato inseguro por parte do empregado, como negligenciar o uso de equipamento de proteção individual (EPI), quanto de uma situação insegura que possa infligir dano ao trabalhador, bem como à organização, como negligenciar a oferta de EPI (Gonçalves, 2008). Logo, esses acidentes podem decorrer de fatores dependentes do homem ou das condições existentes no ambiente de trabalho. Muitos autores, no que tange à análise de acidentes, pontuam como causa o ato ou a condição que originou o dano. Conforme Vendrame e Graça (2009), os acidentes do trabalho afetam a produtividade econômica, oneram o sistema de proteção social e interferem na satisfação e na motivação do trabalhador.

Fique atento!

Qualquer acidente de trabalho gera impactos econômicos tanto para o acidentado quanto para a organização e os cofres públicos. Assim, mesmo do ponto de vista prevencionista, a simples movimentação para adequação às normativas representa um custo (Araújo, 2008; Peinado, 2019).

Sobre a comunicação de um acidente de trabalho, o processo ocorre por meio do Comunicado de Acidente do Trabalho (CAT), documento usado para notificar e formalizar o acidente ou doença de trabalho às partes interessadas. Ele é utilizado para comunicar aos órgãos competentes que determinado empregado sofreu um acidente de trabalho ou foi acometido por doença ocupacional (Araújo, 2008). Trata-se da principal ferramenta de controle estatístico de acidentes de trabalho no Brasil. Somente após comunicar o acidente é que o órgão competente pode prover amparo ao empregado acidentado ou vítima de doença ocupacional ou, no caso de morte, à família dele (Saliba; Pagano, 2009).

Conforme os arts. 22 e 23 da Lei n. 8.213/1991, o CAT deve ser emitido logo após o evento do acidente, o que pode ser feito até o primeiro dia útil após o acidente. Se a empresa perder o prazo de notificação, este deve ser realizado do mesmo modo. Não se pode deixar de emitir o comunicado, sendo passível de sanção organizada e atribuída em lei (Brasil, 1991).

3.2.2 Normas regulamentadoras

As normas regulamentadoras (NRs) são aspectos regulatórios relativos a segurança e medicina do trabalho. O não cumprimento de tais disposições pode incidir em erro grave e acarretar a aplicação de sanção organizada e prevista em legislação vigente. Foram publicadas de modo a orientar e referir a segurança em diferentes áreas de atuação, com foco nas atividades desenvolvidas. Destaca-se que elas são o resultado de um processo de consulta pública e negociação tripartite, envolvendo governo, empregados e empregadores.

Atualmente, está em vigor a Portaria n. 3.214, de 8 de junho de 1978 (Brasil, 1978), regulamentadora da Lei n. 6.514, de 22 de dezembro de 1977 (Brasil, 1977), em que estão inseridas as 36 normas regulamentadoras, assim como a Portaria n. 1.186, de 20 de dezembro de 2018, a qual regulamenta a Norma Regulamentadora 37 — Segurança e Saúde em Plataforma de Petróleo.

No Brasil, as NRs constam no Capítulo V, Título II da Consolidação das Leis Trabalhistas (CLT). Foram aprovadas pela Portaria n. 3.214/1978, sendo atualmente em número de trinta e sete. O escopo básico de algumas é apresentado na sequência.

- **NR 1 – Disposições gerais**: essa normativa determina as competências relativas às normas regulamentadoras nos âmbitos privado, público e de órgãos públicos de administração direta e indireta que tenham relações regidas pela CLT, delimitando a responsabilidade e a atribuição de seus diferentes atores. Essa normativa também define os principais termos usados nas normas seguintes, bem como estabelece as obrigações gerais do empregador e do empregado.

- **NR 3 – Embargo ou interdição**: essa normativa estabelece as condições em que o órgão competente, em sua atuação e à vista de laudo técnico do serviço, pode interditar um estabelecimento, setor de serviço, máquina ou equipamento, quando detectada uma situação não conforme no que diz respeito à segurança do trabalho, bem como ao embargo de uma obra em função da existência de risco grave e iminente para o trabalhador.

  Auditores do trabalho realizam ações em todo o país, junto aos empregados das mais diversas categorias, auditando, avaliando e regularizando as evidentes situações de descumprimento legal, por meio de embargos e interdições (previstos em NR específica), além de serem analisados acidentes de trabalho graves e fatais (Araújo, 2008).

- **NR 4 – Serviço Especializado em Engenharia de Segurança e em Medicina do Trabalho (SESMT)**: essa normativa trata das organizações que devem manter obrigatoriamente um SESMT instituído e atuante em suas dependências; além disso, estabelece que o dimensionamento desse serviço deve ser vinculado à gradação do risco da atividade principal do negócio e ao número total de empregados do estabelecimento.

- **NR 5 – Comissão Interna de Prevenção de Acidentes (Cipa):** essa normativa estabelece a obrigatoriedade da constituição do órgão citado nas empresas. Também determina seu objetivo, forma de constituição, obrigações, atribuições, deveres e direitos de seus integrantes, bem como as obrigações dos empregados e do empregador relativas a seu funcionamento.

- **NR 6 – Equipamento de proteção individual (EPI):** essa normativa estabelece as obrigações do empregador quanto ao fornecimento registrado e gratuito dos EPIs, capacitação para seu uso correto, e responsabilidade de tornar obrigatório seu uso durante o desenvolvimento das atividades laborais de seus empregados e dentro de suas dependências (Figura 3.4).

Figura 3.4 – Exemplos de EPI

- **NR 7 – Programa de Controle Médico de Saúde Ocupacional (PCMSO):** essa normativa estabelece a obrigatoriedade por parte dos empregadores de elaborar e implementar o referido programa, estabelecendo como obrigatória a realização periódica de exames médicos nos empregados e de exames complementares quando necessários. Os exames devem ser indicados por um médico do trabalho, que avalia adequadamente se o trabalhador está apto para as atividades laborais. Cumpre destacar que tais exames, independentemente de seu objetivo (admissional, periódico e demissional), devem ser pagos pelo empregador.

- **NR 8 – Edificações**: essa normativa estabelece os requisitos técnicos mínimos a serem observados nas edificações, de modo a garantir o conforto aos que nelas trabalham. São tratados aspectos como instalações e segurança de espaços. É importante não confundir com a NR18, que é específica para a construção civil, sendo relevante observar suas orientações quando do planejamento de um armazém ou condomínio logístico

- **NR 9 – Programa de Prevenção de Riscos Ambientais (PPRA)**: essa normativa estabelece a obrigatoriedade de o empregador elaborar e implementar tal programa, visando à saúde e à integridade dos empregados por meio da antecipação (gestão de risco), reconhecimento (gradação dos riscos), avaliação e controle da ocorrência de riscos ambientais existentes ou que venham a existir no ambiente de trabalho (plano de gerenciamento de risco). Trata-se de um documento obrigatório, assim como o PCMSO.

- **NR 10 – Instalações e serviços em eletricidade**: essa normativa estabelece as condições mínimas necessárias de qualificação dos profissionais que atuam em redes elétricas, como é ilustrado a seguir, na Figura 3.5. Também determina as condições mínimas necessárias à segurança daqueles que operam em instalações elétricas (projeto, execução, operação, manutenção, reforma e ampliação) e de usuários e terceiros. Em outras palavras, a normativa assegura que somente pessoas capacitadas podem realizar atividades em instalações elétricas, e que sobre esta atividade devem incidir adicional de periculosidade.

Figura 3.5 – Atividade com eletricidade NR 10

- **NR 11 – Transporte, movimentação, armazenamento e manuseio de materiais:** essa normativa estabelece as prerrogativas de segurança para as atividades de transporte e armazenamento de materiais, bem como define as normas de segurança para operação de elevadores, guindastes, transportadores industriais e máquinas transportadoras. Entre as normativas apresentadas esta é a que mais se relaciona com as atividades desenvolvidas em processos logísticos.
- **NR 12 – Segurança no trabalho em máquinas e equipamentos:** estabelece as condições a serem observadas em instalações e áreas de trabalho, definindo os requisitos de segurança para máquinas e equipamentos e estendendo sua observância quanto à manutenção e à operação, critério de fabricação, importação, venda e locação.
- **NR 17 – Ergonomia:** essa normativa estabelece os parâmetros e requisitos que permitem a adaptação das condições de trabalho às características psicofisiológicas dos trabalhadores, incluindo operações de: levantamento, transporte e descarga individual de materiais; condições estruturais do mobiliário dos postos de trabalho; posicionamento dos equipamentos dos postos de trabalho; condições ambientais de trabalho (luminosidade, ruído, etc.); organização do trabalho, conforme ilustrado na Figura 3.6, a seguir.

Figura 3.6 – Ergonomia: carregamento adequado

Essa normativa é dedicada à ergonomia (ciência de projetar o trabalho, os equipamentos e local de trabalho para adequá-los ao trabalhador), aplicável a qualquer tipo de estrutura organizacional. Ela também merece atenção em atividades logísticas, pois os principais índices de afastamentos nesse setor são provenientes de doenças ocupacionais cuja causa recai sobre a falta de atenção ergonômica.

- **NR 21 – Trabalho a céu aberto**: essa normativa estabelece as medidas de proteção para trabalhos realizados a céu aberto, incluindo as condições de proteção do trabalhador (p. ex.: condições mínimas como fornecimento de capa de chuva, protetor solar, quando impossível a adaptação de estrutura de proteção ao empregado). Define também normas de segurança do trabalho no serviço de exploração de pedreiras.
- **NR 23 – Proteção contra incêndios**: essa normativa define os requisitos mínimos e obrigatórios de que devem dispor as organizações para proteção contra incêndios, bem como as atitudes a serem tomadas no seu combate (p. ex.: contar com uma brigada de incêndio capacitada, rotas de fuga, teste de hidrantes etc.). Normatiza também o uso de extintores de incêndio e estabelece critérios relativos aos extintores portáteis, bem como indica (tipifica) os extintores específicos às diversas classes de fogo, sua forma de inspeção (frequência de recargas e validade), quantidade por setor da organização e distribuição (localização e sinalização) no ambiente de trabalho.

Fique atento!

No momento da produção deste material, em razão da extinção do Ministério do Trabalho em 1º de janeiro de 2019, as referidas normas, assim como demais atribuições da extinta pasta, passaram a incorporar a agenda da Secretaria de Inspeção do Trabalho, pertencente ao Ministério da Economia.

A norma regulamentadora que se relaciona diretamente com a área logística é a **NR 11**. Logo, é importante para o profissional da área, com destaque àquele responsável pela gestão de operações logísticas, conhecer todas as especificidades dessa normativa. Em acréscimo, é necessária a observância de outras NRs, tais como as de número 1, 3, 4, 5, 6, 7, 9, 12, 23, 24, 33 e 35, e da legislação específica do empreendimento e localidade deste. O exposto encontra respaldo na Norma Regulamentadora n. 1, que assevera a necessidade de atender às recomendações de outras normativas:

> *a observância das Normas Regulamentadoras — NR não desobriga as empresas do cumprimento de outras disposições que, com relação à matéria, sejam incluídas em códigos de obras ou regulamentos sanitários dos Estados ou Municípios, e outras, oriundas de convenções e acordos coletivos de trabalho.* (Brasil, 2019, p. 2)

Exercício resolvido

A segurança do trabalho é a área que visa à preservação da integridade física e da capacidade produtiva do colaborador. Ao combater o acidente de trabalho, também incentiva os envolvidos a adotarem uma postura mais prevencionista em relação ao ambiente de operações e seus riscos relacionados. Analise as alternativas a seguir e indique a correta:

   a. O ato inseguro é aquele gerado pelas instalações de uma dada organização, e como estas organizam o seu espaço com máquinas e equipamentos.

b. A NR 10 fixa as condições mínimas exigíveis à segurança daqueles que operam em instalações elétricas (projeto, execução, operação, manutenção, reforma e ampliação) e de usuários e terceiros.

c. A obrigatoriedade de uso pelos empregados do equipamento de proteção individual (EPI) somente ocorre quando este é comprada pelo empregador e sua assinatura é solicitada.

d. Dentre as normas regulamentadoras vigentes, a que mais se relaciona com a área logística e suas múltiplas atividades é a NR 12.

Gabarito: b

Feedback **da atividade:** a alternativa "a" está incorreta, pois é a condição insegura, inerente às instalações, como máquinas e equipamentos que pode gerar um acidente de trabalho. A alternativa "c" está incorreta, pois a NR 6 trata da obrigatoriedade de uso do EPI fornecido aos empregados, bem como das obrigações técnicas a serem observadas pelo fabricante e importador dos equipamentos. A alternativa "d" está equivocada, pois a NR que se relaciona com a área logística é a 11.

3.3 Segurança do trabalho em espaço logístico

A segurança de colaboradores e do espaço logístico é um tema relevante porque se relaciona com atividades que envolvem risco. Como já explicamos, armazéns logísticos, mesmo aqueles localizados em condomínios, apresentam características estruturais diferenciadas que demandam cuidado especial com o bem-estar dos profissionais envolvidos.

A segurança do trabalho compreende o conjunto de medidas protetivas e prevencionistas que visam minimizar a ocorrência de acidentes de trabalho e doenças ocupacionais decorrentes da atividade laboral, bem como proteger a integridade e a capacidade de trabalho do empregado (Gonçalves, 2008).

A responsabilidade pela segurança do trabalho é tripartite, isto é, é compartilhada pelo Poder Público, pelo empregador e pelo empregado. Assim, cabe ao primeiro a criação e a fiscalização de normas e leis que regulamentem e assegurem a segurança e a saúde no trabalho. O segundo, por sua vez, deve fazer cumprir as regulamentações previstas, podendo ser punido em caso de desrespeito às exigências legais. Já ao terceiro incumbe seguir as exigências de segurança em seu local de trabalho, obedecendo às normas e leis específicas.

Para que atividades em processos logísticos ocorram adequadamente, é necessário um ambiente seguro. Assim, a segurança logística é um tema relevante para as organizações, que devem avaliar sua adequação quanto ao armazenamento e à organização de materiais, bem como ao atendimento de ações preventivas contra acidentes e perdas (Damásio, 2014).

Fique atento!

Aspectos de segurança podem influenciar o projeto de *layout* dos espaços logísticos e até mesmo a escolha dos meios de movimentação. É importante lembrar que, independentemente das medidas adotadas, a segurança demanda investimento, e, por isso, deve ser estudada no contexto estratégico de cada organização.

Assim, durante o planejamento ou a escolha de um armazém logístico, é muito importante observar os elementos de segurança das instalações. Conhecer as regulamentações básicas de segurança em trabalhos logísticos auxilia na prevenção de problemas futuros relativos a condições inseguras de trabalho, bem como no acionamento legal perante situações mais graves decorrentes do descumprimento das normas.

Perguntas & respostas

Quais são os benefícios de um bom *layout* de armazém?
Muitos são os benefícios de um espaço bem-projetado que concilie produtividade e organização do espaço. São exemplos de benefícios: diminuição do risco de acidentes e incidentes; ocorrência de doenças ocupacionais; melhoria das condições ambientais; otimização do espaço, tempo e produtividade do armazém; ganho em movimentação e o manuseio de materiais (Damásio, 2014).

3.4 Casos práticos de segurança logística

O setor logístico brasileiro compreende um conjunto de atividades de relevo para o desenvolvimento econômico e social, sendo essa uma área que guarda muitas interfaces com outros setores industriais.

Como descrito nos capítulos anteriores, a logística compreende as atividades de planejamento, organização, controle e realização de operações associadas à armazenagem, ao transporte e à distribuição de bens e serviços. Nesse sentido, podemos compreender essa atividade como uma rede de facilidades orientadas à movimentação de materiais e/ou produtos acabados em organizações (Ballou, 2010).

Como se sabe, a atividade logística abarca todo o processo produtivo, desde sua armazenagem e movimentação até as atividades de distribuição. Assim, essa é a delimitação de onde a segurança em logística deve atuar. Também esclarecemos segundo quais condições devem ser aplicadas as técnicas e os procedimentos de segurança. Nosso objetivo é mostrar, nas seções seguintes, de modo prático como a segurança do trabalho e suas interações podem ser abordadas na rotina logística de armazéns e condomínios logísticos.

3.4.1 Detecção e extinção de incêndio

No que tange à extinção de incêndio em instalações de armazenagem, é recomendável o projeto de *layout*, adequado à detecção e extinção de fenômenos dessa natureza, contando com a instalação de aspersores de água integrados (*sprinklers*, conforme a Figura 3.7, a seguir), que podem estar no teto do armazém ou em níveis das estantes de armazenagem.

Figura 3.7 – *Sprinklers* em armazém logístico

3.4.2 Armazenagem de produtos perigosos

De acordo com Damásio (2014), *produto perigoso* é aquele cujo emprego pode oferecer risco ao meio ambiente; ele demanda uma armazenagem segura, com as condições de estocagem e parâmetros físico-químicos, como: pressão, temperatura, exposição a impactos ou fenômenos atmosféricos.

A armazenagem de produtos inflamáveis ou combustíveis é frequentemente necessária. Quando há demanda por esse tipo de armazenagem, é preciso salvaguardar o produto contra o risco de incidentes, como a proximidade de fumantes, instalações elétricas irregulares e demais fontes de ignição.

3.4.3 Uso de equipamento de proteção

A segurança em atividades logísticas é importante para a prevenção de acidentes, mas, antes de se planejar procedimentos de manuseio e operação, é necessário considerar os EPIs e, quando aplicável, em equipamentos de proteção coletiva (EPC).

Como em qualquer outra atividade, os equipamentos de proteção individual são indispensáveis para a manutenção da segurança em ambientes de operações logísticas, entre eles os armazéns e condomínios. Seu emprego visa à proteção contra ocorrências de incidentes que possam causar danos sérios aos envolvidos.

O que é?

EPI é o dispositivo de uso individual, destinado à proteção da saúde e da integridade física de seu usuário. Quando não é possível eliminar/neutralizar o risco com o uso desse equipamento, é recomendada a aplicação de medidas de proteção coletiva, ou seja, o uso de EPCs.

Embora sejam itens essenciais de observação no que diz respeito à segurança de colaboradores e do espaço logístico, os EPIs são previstos em lei, ou seja, seu fornecimento e sua utilização estão estabelecidos em regulamento específico. A NR 6 orienta que todo empreendimento cujas atividades envolvam riscos ao colaborador deve orientar e fornecer gratuitamente os EPIs.

Dependendo da situação, devem ser adotados os EPCs, que têm como função neutralizar o risco na fonte, podendo, em alguns casos, dispensar o uso dos EPIs se o risco for neutralizado totalmente. A maior vantagem dessa classe de proteção é que, além de proteger a coletividade, ele não causa desconforto individual que, por vezes, um EPI pode gerar. É responsabilidade das organizações reforçar a relevância do uso desses equipamentos, bem como orientar os colaboradores a respeito dos riscos a que estão sujeitos.

3.4.4 Sinalização no armazém

A sinalização tem como objetivo alertar os transeuntes sobre a existência de riscos no ambiente logístico. Essa iniciativa pode ser realizada por meio do uso de placas, faixas e guias em locais onde há a movimentação constante de máquinas e equipamentos, como atividades de carga e descarga, pois ela orienta colaboradores e transeuntes sobre o risco de acidentes envolvidos nesse ambiente.

A NR 26 trata sobre a segurança do ambiente de trabalho no atinente aos riscos que determinados locais oferecem, sendo essas ameaças sinalizadas por cores. A sinalização por cores é sempre recomendada, especialmente quando há trânsito de pessoas estranhas ao ambiente de trabalho.

Determinadas cores são padronizadas para a representação de riscos ou operações que são desenvolvidas nos mais variados segmentos, incluindo as operações realizadas em armazéns e condomínios logísticos. No Quadro 3.1, a seguir, indicamos cores e suas aplicações (que não necessariamente correspondem às instalações de nosso estudo).

Quadro 3.1 – Sinalização de riscos por cores

Cor	Aplicação
Vermelho	Indicativo de equipamentos e aparelhos de proteção e combate a incêndio.
Amarelo	Empregado em canalizações, indicando a presença de gases não liquefeitos, além de sinalizar "Cuidado!", "Atenção!".
Branco	Indicativo de locais de circulação, áreas destinadas à armazenagem, às zonas de segurança e à localização de coletores de resíduos e de bebedouros.
Preto	Empregado em canalizações de inflamáveis e combustíveis de alta viscosidade.
Azul	Indicativo de "Cuidado!", empregado para alertar contra o uso e a movimentação de equipamentos, que devem permanecer fora de serviço.
Laranja	Empregado em canalizações que contenham ácidos ou para indicar partes móveis de máquinas e equipamentos, ou seja, partes internas que possam ser removidas ou abertas e que, quando expostas diretamente, oferecem elevado risco de acidente. São exemplos disso todas as estruturas que evitam o acesso direto a dispositivos elétricos, polias e engrenagens, botões de arranque de segurança, dispositivos de corte, lâminas de serras, prensas etc.
Púrpura	Indicativo de perigo proveniente de radiações eletromagnéticas penetrantes de partículas nucleares.

(continua)

(Quadro 3.1 - conclusão)

Lilás		Empregado em canalizações que contenham álcalis ou, no caso das refinarias de petróleo, lubrificantes.
Cinza		Em sua coloração clara (cinza claro), identifica canalizações em vácuo; em sua coloração escura (cinza escuro), indica eletrodutos.
Alumínio		Empregado em canalizações que contêm gases liquefeitos, inflamáveis e combustíveis de baixa viscosidade.
Marrom		Pode ser adotado a critério de cada organização e identificar qualquer fluído não identificável pelas demais cores.
Verde		Indica aquilo que está seguro.

A iluminação em armazéns deve ser natural, evitando-se a formação de sombras ou contrastes excessivos no ambiente que possam comprometer ou impactar no desempenho das atividades. Quando empregada a iluminação artificial, esta não deve incidir diretamente sobre o campo de visão do operador, mas ser suficientemente adequada de forma a não prejudicar sua acuidade visual.

Fique atento!

Modelos de condomínios logísticos de classe A contam com proteção térmica e acústica em seus telhados. No entanto, mesmo quando o condomínio ou armazém não for dessa categoria, deve ser projetado um ambiente de trabalho que proteja colaboradores e produtos do desconforto térmico, do ruído e da vibração.

3.4.5 Atenção ergonômica

A ergonomia no ambiente logístico de trabalho é regida pela NR 17, que estabelece parâmetros adequados para as condições ergonômicas de trabalho em atividades logísticas, de modo a não comprometer a saúde física dos colaboradores. Entre os pontos abordados nessa resolução, consta a indicação de carga a ser suportada pelos colaboradores atuantes em estoques. Recomenda-se que cargas elevadas sejam movimentadas por maquinário específico, com a devida capacitação para sua operação.

No tocante à segurança, o ideal é que a estrutura de armazenagem seja supervisionada por profissional capacitado e habilitado. Somente ele poderá, com propriedade, avaliar as atuais condições de segurança do local, bem como indicar adequadamente problemas que demandarão ações corretivas.

3.4.6 Mapeamento das áreas de risco do armazém

O mapa de risco é uma representação gráfica que visa identificar as áreas de risco em determinadas áreas de uma organização. Sua elaboração consiste em determinar a tipologia e a intensidade de risco a que colaboradores estão expostos durante a realização de suas atividades.

Essa gestão visual de risco é concretizada em um mapa de risco, uma das modalidades mais simples de avaliação qualitativa dos riscos existentes em um local de trabalho (Lima, 1993; Saliba, 2008).

O Quadro 3.2, a seguir, mostra os elementos que compõem a legenda de um mapa de risco, cujas cores indicam o tipo de risco presente no ambiente, ao passo que as esferas em diferentes tamanhos correspondem à intensidade do risco indicado. Observe que a representação gráfica dos riscos é feita por meio de círculos de diferentes cores e tamanhos, permitindo facilidade de elaboração e de visualização.

Quadro 3.2 – Elementos de legenda de mapa de risco

Grupo de risco	Cor	Tamanho do risco		
Físico	Verde			
Químico	Vermelho			
Biológico	Marrom			
Ergonômico	Amarelo			
Acidente	Azul	Pequeno	Médio	Grande

O objetivo desse recurso é reunir visualmente as informações básicas para auxiliar o diagnóstico da situação da segurança e saúde no trabalho, bem como possibilitar, durante sua elaboração, a troca e a divulgação de informações entre os envolvidos em sua construção (Saliba, 2008; Saliba; Pagano, 2009).

A elaboração desse mapeamento é de responsabilidade dos integrantes da Cipa e do SESMT, se existentes na organização. Trata-se de um instrumento participativo, elaborado pelos colaboradores envolvidos diretamente com as atividades que oferecem risco.

3.4.7 Capacitação constante

Os colaboradores precisam receber adequada e frequente capacitação para realizar atividades em armazéns logísticos, abarcando sua entrada na empresa (integração), sua rotina de trabalho, mudança de atividade ou atividade logística. A capacitação deve também considerar maquinários operados, bem como as especificidades de manuseio e armazenamento dos materiais com os quais os profissionais terão contato durante as operações.

Fique atento!

Tanto o manuseio quanto o cuidado com essas máquinas é essencial para a segurança do condutor e dos pedestres em ambientes logísticos de armazéns. Assim, os profissionais responsáveis devem ter as devidas habilitações atualizadas, respeitando as normas de segurança do espaço, bem como do meio de movimentação. Estes, por sua vez, devem apresentar-se em boas condições de uso.

De acordo com Damásio (2014), os elementos facilitadores à capacitação, à prevenção e à conscientização em segurança do trabalho são:

- Diálogo Diário de Segurança (DDS);
- Comissão Interna de Prevenção de Acidentes (Cipa);
- Semana Interna de Prevenção de Acidentes de Trabalho (Sipat);
- Brigada de incêndio;
- EPIs;
- Atividades de profissionais de segurança.

Assim, a capacitação tem relevante papel na segurança, pois também constitui um modo de evitar acidentes ao fornecer o necessário conhecimento sobre manuseio de materiais e operação de máquinas. Recomenda-se a contratação de um parceiro especializado e capacitado em capacitação desse tipo, pois profissionais dessa área dispõem de conhecimento da literatura especializada e atualizada no campo da segurança do trabalho.

3.4.8 Programação de manutenção

Armazéns e condomínios logísticos contam com equipamentos de movimentação que podem apresentar certo nível de periculosidade, como veículos industriais e equipamentos de elevação de cargas. Nesse sentido, realizar a programação de manutenção de equipamentos é fundamental, pois essa iniciativa assegura que esses recursos estejam em condições adequadas de uso e isentos da possibilidade de acidentes decorrentes de sua operação.

Assim, a fim de evitar prejuízos, os equipamentos e os dispositivos devem ser inspecionados regularmente, bem como receber práticas de manutenção preventiva. As inspeções são importantes, pois auxiliam na identificação de defeitos ou condições inseguras que, se resolvidas imediatamente, podem impedir perdas produtivas e de desempenho do armazém.

3.5 Organização e movimentação do espaço logístico

Como temos informado, o desenvolvimento de uma cultura logística no que toca à segurança é fundamental, principalmente em operações de distribuição, nas quais são empregados equipamentos perigosos como empilhadeiras e transpaleteiras.

Segundo Ballou (2010), a armazenagem realizada em condições inadequadas gera desperdício, pois demanda maiores ações de acessibilidade, controle do estoque etc. Assim, essa falta de cuidado não agrega valor; pelo contrário, a ausência de planejamento implica custos maiores. As atividades que compõem um processo de armazenagem são:

- recebimento;
- inspeção;
- endereçamento;
- estocagem;
- separação;

- embalagem;
- carregamento;
- expedição;
- emissão documental;
- inventariação.

No que tange à organização do espaço logístico, são dois os fatores determinantes no planejamento de estocagem logística:

1. as características do material a ser armazenado
2. as característica do espaço de armazenamento.

Assim, o objetivo de administrar um espaço de armazenamento é utilizá-lo eficientemente em suas três dimensões (comprimento, largura e altura), de modo que as instalações de armazenagem viabilizem a ágil movimentação desde o recebimento até a expedição de mercadorias/produtos (Damásio, 2014).

Exercício resolvido

A atividade de armazenagem compreende o subsistema logístico responsável pela gestão física dos estoques, abarcando atividades específicas como de guarda, de preservação, de embalagem, de recepção e de expedição de materiais, segundo determinadas normas e métodos de armazenamento. Analise as alternativas a seguir e indique a correta.

a. Em armazéns e condomínios logísticos, faz-se necessário o emprego de atividades de armazenamento eficiente, que consequentemente justificam o maior custo.

b. Em armazéns e condomínios logísticos, dois fatores importantes influenciam o processo de estocagem: a característica do material e a característica dos equipamentos de elevação.

c. Entre as atividades específicas envolvidas no processo de armazenagem, podem constar: recebimento, inspeção, endereçamento de mercadoria, estocagem, separação, embalagem, carregamento, expedição, emissão de documentos e realização de inventários.

d. O objetivo da atividade de armazenamento é utilizar de maneira eficaz determinado espaço em suas duas dimensões: comprimento e altura.

Gabarito: c

***Feedback* da atividade**: a alternativa "a" está incorreta, pois faz-se necessário um sistema de armazenamento eficiente e que, por consequência, gere o menor custo possível. A alternativa "b" não está correta, pois dois fatores importantes influenciam o processo de estocagem em armazéns e condomínios logísticos: a característica do material e a característica do espaço. A alternativa "d" está equivocada, pois, no contexto de gestão de armazéns, é necessário que o espaço seja utilizado efetivamente em suas três dimensões: comprimento, largura e altura.

Perguntas & respostas

Há uma forma específica de ordenação de material no trabalho de armazenamento?

Não, porque são considerados os aspectos anteriormente indicados (características do produto e do espaço), sendo possível empregar alternativas de armazenagem, como **armazenagem por agrupamento** (aquela em que o agrupamento de materiais ocorre pelas características semelhantes) e **armazenagem por frequência** (aquela em que são mantidos o mais próximo possível os materiais com maior frequência de movimento) (Damásio, 2014).

A segurança relacionada à operação de máquinas e equipamentos em atividades logísticas é essencial, pois esta é uma das principais fontes de acidente de trabalho. Geralmente, as causas desse tipo de acidente relacionam-se às partes móveis de equipamentos ou a demais aspectos provenientes do uso desses dispositivos, tais como:

- ponto de operação;

- falha mecânica e/ou elétrica;
- instalação.

Assim, máquinas e equipamentos utilizados em operações logísticas devem ser instalados adequadamente de modo a não prejudicar a movimentação de colaboradores e o transporte e manuseio de cargas. Além disso, os dispositivos de operação logística devem estar acessíveis ao usuário.

A regulamentação da segurança no manuseio de equipamentos é determinada pela NR 11, que versa sobre transporte, movimentação, armazenagem e manuseio de materiais. Em seu tópico 11.3 (Brasil, 2016), devem ser observados os seguintes aspectos essenciais:

- o peso do item armazenado não pode exceder a capacidade de carga do piso.
- a distribuição do material armazenado deve ser adequada, eliminando-se a possibilidade de obstrução de equipamentos de combate ao incêndio, saídas de emergências etc.
- o material empilhado deve estar afastado das estruturas laterais (paredes) da instalação a uma distância de pelo menos 0,5 m (cinquenta centímetros).
- a disposição da carga não pode dificultar o trânsito, a iluminação e o acesso às saídas de emergência.
- a armazenagem deve obedecer aos requisitos de segurança para cada tipo de material (p. ex.: produtos perigosos).

Fique atento!

No que tange aos produtos perigosos a granel, a forma mais usual de armazenamento é a céu aberto ou em galpões com aberturas amplas. Geralmente, a categoria a granel é disponibilizada em embalagens de pequena capacidade. Já os produtos perigosos de forma intermediária (entre sólido e líquido) são acondicionados em embalagens unitárias, que podem ser unitizadas em paletes, fardos ou caixas e estocados em armazéns e galpões (Damásio, 2014).

Conforme Damásio (2014), os equipamentos mais usados para movimentação em armazéns logísticos são:

- **Empilhadeiras e demais equipamentos de elevação**: meios de transporte empregados para agilizar a movimentação de produtos que demandariam muito tempo e esforço se arranjados manualmente. A atividade consiste em transportar e empilhar cargas/mercadorias unitizadas (conforme mostra Figura 3.8, a seguir). Para isso, podem ser utilizados diversos equipamentos, desde que observadas as devidas condições, como: a quantidade e o volume de carga; a altura máxima de elevação do equipamento; a capacidade de operação nos corredores da instalação; operação manual ou motorizada; e a velocidade indicada em espaços internos e externos.

Figura 3.8 – Empilhadeira

Vladimir Borovic/Shutterstock

- **Transportadores e esteiras**: dispositivos utilizados para a movimentação e o transporte de bens de pequeno porte e peso. Os transportadores constituem o segundo método mais popular de movimentação interna em armazéns. Seu objetivo é transportar o maior número de itens de um ponto a outro com ganho de espaço e tempo. Podem ser do tipo por gravidade ou mecânico: o primeiro emprega elementos de movimentação (rodas, esferas ou roletes) para deslizar cargas/mercadorias; o segundo é utilizado, geralmente, em pequenas distâncias para movimentar cargas/mercadorias para cima.

- **Guinchos e dispositivos semelhantes**: método de manuseio interno, que tem como característica principal não se limitar à operação em superfície, não necessitando de corredores. Apresenta elevada capacidade de movimentação de cargas muito pesadas, com agilidade e segurança. Ponte rolante e transelevador automático são exemplos; o segundo é muito utilizado em armazéns automatizados como *hubs*, sendo projetado para otimizar o espaço físico e reduzir o emprego de mão de obra. O dispositivo compreende uma plataforma que armazena e movimenta produtos, geralmente paletizados, em estantes verticais.

Observe, então, que embora seja uma normativa geral, a NR 11 adequa-se às demandas de segurança em operação de elevadores, guindastes, transportadores industriais e máquinas transportadoras, usados para a movimentação interna, ou seja, o transporte de carga.

Para saber mais

Como vimos, a segurança em equipamentos e dispositivos de transporte e movimentação é muito importante. De acordo com a NR 11, são exemplos de equipamentos destinados à movimentação e organização de espaços logísticos: ascensores, elevadores de carga, guindastes, monta-carga, pontes rolantes, talhas, empilhadeiras, guinchos, esteiras rolantes e transportadores de diferentes modelos. Nesses maquinários, ainda, deve constar indicação visível de sua carga máxima de trabalho permitida, e nos motorizados deve haver sinal de advertência sonora (buzina). Para saber mais sobre seus itens de observação, indicamos a leitura da NR 11, disponível em:

BRASIL. Ministério do Trabalho e Previdência Social. **NR 11**: Transposrte Movimentação, Armazenagem e Manuseio de Materiais. 2016. Disponível em: <https://enit.trabalho.gov.br/portal/images/Arquivos_SST/SST_NR/NR-11.pdf>. Acesso em: 22 maio 2021.

Logo, conforme Lima (1993) e Saliba (2008), existem práticas de controle de risco ocupacional que auxiliam significativamente na prevenção de acidentes. Constam entre estas práticas:

- evitar atividades que envolvam agentes de risco à saúde e, sempre que possível, providenciar a substituição por componentes adequados à demanda;
- praticar os princípios da ergonomia como a elevação de cargas pesadas, não sobrecarregando a coluna e realizando movimento de agachamento e subida em velocidade moderada e não impactante;
- utilizar os EPIs mínimos, obrigatórios e específicos a determinadas atividades, como luvas, capacete, sapatos de proteção e protetores auditivos;
- escolher sempre medidas que levem à segurança de todos os expostos ao risco identificado, por exemplo, a observância do uso de EPCs.

3.5.1 Espaço para vivência e áreas de serviço

O tópico área de vivência é abordado no item 18.5 da NR 18 (Brasil, 2018) e na NR 24 (Brasil, 2019), nas quais se destaca que locais dessa natureza devem ser projetados de modo a oferecer condições mínimas de segurança, conforto e privacidade, bem como manter higiene e limpeza. São considerados espaços de vivência por essas normativas:

- instalações sanitárias;
- vestiários;
- locais para refeição;
- alojamentos (quando houver).

Fique atento!

Na NR 18, a instalação sanitária compreende o local destinado ao asseio corporal e/ou ao atendimento das necessidades fisiológicas de excreção dos indivíduos. Assim, conforme as medidas previstas no documento, as instalações sanitárias devem conter:

- lavatório;
- bacia sanitária sifonada;
- assento com tampo;
- mictório, na proporção de 1 (um) para cada 20 (vinte) trabalhadores ou fração;
- chuveiro, na proporção de 1 (um) para cada de 10 (dez) trabalhadores ou fração.

Ainda sobre as instalações sanitárias, Felix (2011) assinala que os lavatórios e mictórios podem ser individuais ou coletivos, bem como os vasos sanitários devem usar, no mínimo, 1 m² de área ocupada. O autor informa que tais locais:

- requerem conservação e manutenção constante de higienização; logo, devem ser constituídos de materiais que permitam tal ação;
- devem dispor de portas de acesso que inviabilizem o devassamento, bem como manter o devido resguardo e contar com instalações independentes para homens e mulheres, quando necessário;
- devem ficar localizados distante de área de refeição;
- devem dispor de estrutura ventilada, iluminada, com instalações elétricas protegidas e pé-direito de no mínimo 2,50 m.

Em acréscimo, conforme a NR 18, quando o caso exigir, é obrigatória a instalação de alojamentos nos canteiros de obras ou fora deles. Essas estruturas devem contar com as seguintes instalações anexas (Brasil, 2018):

- cozinha, quando houver preparo de refeições;
- local para refeição;
- instalação sanitária;

- lavanderia;
- área de lazer, podendo ser utilizado o local de refeição.

Os vestiários servem àqueles colaboradores que necessitam de um espaço para troca de vestimentas e guarda de pertences durante sua jornada de trabalho. Os vestiários devem dispor de estrutura adequada (com ventilação, iluminação, mobília de uso individual e coletivo), bem como ser coberta (Felix, 2011).

É possível a utilização de contêineres como estruturas móveis de área de vivência, desde que o pé-direito tenha pelo menos 2,40 m, bem como seja arejado e climatizado.

As organizações devem zelar pelo bem-estar e pela saúde de seus colaboradores, atuando sobre as áreas de vivência e serviço, atendendo a legislação e normas técnicas pertinentes.

3.5.2 Docas

Conforme comentamos no Capítulo 1, as docas de um armazém são utilizadas para o processo de carga e descarga de mercadorias, o que exige um espaço amplo, adequado e seguro para viabilizar a mobilidade dos veículos de transporte e a realização das atividades logísticas.

Na Figura 3.9, a seguir, você pode observar um exemplo de operações logísticas dentro de um condomínio logístico. Observe as docas de carga e descarga.

Figura 3.9 – Exemplo de docas

Exercício resolvido

A segurança do trabalhador é uma exigência para toda e qualquer atividade empresarial. Essa demanda é levada particularmente a sério na logística, que, em razão de suas condições de trabalho, é uma das áreas com mais ocorrências de acidentes de trabalho e registros de afastamentos. Sobre esse tema, faça a análise das alternativas a seguir e indique a correta:

a. De modo a viabilizar a mobilidade dos veículos de transporte, armazéns e condomínios logísticos são projetados para conter espaço suficiente e adequado à realização das atividades logísticas. Um exemplo de projeto eficiente nesse sentido é o de armazéns com apenas uma doca, o que facilita e acelera as atividades.

b. Armazenagem por frequência é aquela em que o agrupamento de materiais ocorre pelas características semelhantes e frequentes do material.

c. Para regulamentar a segurança no manuseio de equipamentos, a logística conta com a NR 10, que trata sobre transporte, movimentação, armazenagem e manuseio de materiais. Nesse normativa, constam procedimentos a serem observados para evitar acidentes de trabalho.

d. O armazenamento de produtos considerados perigosos requer estratégias diferenciadas. Deve-se considerar o tipo do produto, o estado físico em que este se encontra, o grau de perigo que representa e a forma adequada de armazenagem que ele exige.

Gabarito: d

Feedback **da atividade:** a alternativa "a" está incorreta, pois, além viabilizar a mobilidade dos veículos de transporte, são projetadas docas de carga e descarga com espaço suficiente e adequado à realização das atividades logísticas. A alternativa "b" não está correta, pois a armazenagem por frequência é aquela em que os materiais com maior frequência de movimento são mantidos o mais próximos possível. A alternativa "c" está equivocada, pois a regulamentação da segurança no manuseio de equipamentos é regida pela NR 11, que trata sobre transporte, movimentação, armazenagem e manuseio de materiais. Nessa normativa, constam procedimentos a serem observados para evitar acidentes de trabalho.

Ao encerrarmos este capítulo, podemos concluir que a segurança do trabalho é um processo amplo e complexo, independentemente do campo de aplicação. Embora o foco de análise tenha sido orientado a armazéns e condomínios logísticos, essa temática pode ser aplicada nos mais variados segmentos, pois deve estar presente constantemente em processos, informações, aplicações, produtos e, principalmente, na rotina de organizações e de seus colaboradores.

Síntese

- O setor logístico contribui significativamente para o resultado econômico das organizações. Além disso, é geradora de muitos postos de trabalho; entretanto, acumula um dos maiores índices de acidentes de trabalho.
- A saúde e a segurança do trabalhador são exigências para toda e qualquer atividade profissional. Essa demanda recebe especial atenção na área logística em razão das condições de trabalho característica da área.

- Atualmente, existem 37 Normas Regulamentadoras (NR), as quais versam sobre saúde e segurança no trabalho nas mais variadas áreas. Essas normativas, conforme seus escopos, indicam procedimentos e programas de capacitação voltados à observância e ao atendimento da integridade e saúde de colaboradores.
- A segurança do trabalho ocupa-se da preservação da integridade física e da capacidade produtiva do colaborador, visando não somente combater o acidente de trabalho, mas também educar os envolvidos a adotarem uma postura mais prevencionista diante do ambiente de operações e seus riscos relacionados.
- Em armazéns e condomínios logísticos, devem ser adotadas medidas que promovam a segurança do ambiente, de modo a minimizar os riscos de acidentes. Afinal, estes comprometem a saúde da equipe operacional e interrompem o ritmo das atividades realizadas; com isso, interferem na lucratividade do negócio.
- É recomendável a devida orientação da equipe operacional quanto à importância do EPI. Este é imprescindível na prevenção e proteção contra acidentes e lesões.
- Do ponto de vista da prevenção, os acidentes de trabalho decorrem de qualquer aspecto que, se removido/neutralizado, tem potencial de evitar sua ocorrência. Assim, nesse contexto, os acidentes de trabalho podem ser evitados, pois não surgem ao acaso; são em sua maioria provocados, logo, passíveis de prevenção.
- O mapa de risco serve de instrumento de levantamento preliminar de riscos, de informação para os demais empregados e visitantes.
- Independentemente do segmento de atuação, pensar na segurança de seus empregados é essencial para a manutenção de qualquer negócio. Manter um espaço logístico seguro implica a observação e o atendimento da legislação vigente e específica, bem como a adoção de boas práticas relativas à segurança do ambiente de trabalhos e dos envolvidos.

Operações logísticas

Conteúdos do capítulo

- Gerenciamento das operações logísticas.
- Cadeia de suprimento (*supply chain*).
- Logística de *inbound*.
- Logística de *outbound*.
- Movimentação e armazenagem flexível.

Após o estudo deste capítulo, você será capaz de:

1. analisar o gerenciamento das operações logísticas quanto a sua relevância competitiva;
2. explicar o que são cadeias de suprimentos;
3. diferenciar logística *inbound* de logística *outbound*;
4. relatar a importância da logística *inbound* e da logística *outbound* como fonte de vantagem competitiva;
5. identificar a relevância dos formatos de movimentação e armazenagem flexível.

Neste capítulo, apresentamos os conceitos e as terminologias principais relacionadas às operações logísticas de *inbound* e *outbound*, relevantes processos nas cadeias de suprimento. Abordamos os condomínios logísticos com base em conceitos como recebimento, armazenagem, movimentação e preparação de pedidos.

capítulo 4

4.1 Gerenciamento das operações logísticas

É crescente a competitividade no segmento logístico, sendo importante à área executar operações eficientes e eficazes, que assegurem vantagem no mercado. Isso demanda a identificação e a análise das operações ao longo da cadeia de suprimentos.

Já afirmamos ao longo desta obra que a logística é essencial para agregar valor ao cliente e promover a diferenciação em um mercado que exige cada vez mais diferenciais. Por isso, é preciso que todo o processo seja coordenado e organizado ao longo de sua cadeia de suprimentos (ou *supply chain*).

Diversos são os modelos de gestão, ferramentas e plataformas empregadas para assegurar que o produto certo chegue ao consumidor/cliente final conforme as especificações da solicitação. Essas determinações não se limitam às técnicas ou à qualidade; elas envolvem também os processos produtivos, o tempo de chegada e saída de materiais, entre inúmeras outras variáveis.

Fique atento!

O propósito de qualquer gestor logístico é maximizar a confiabilidade, a responsividade e a eficiência de sua cadeia de suprimentos. Para isso, esse profissional deve compreender tanto os processos logísticos *inbound* quanto os *outbound*, capacitando-se para atuar em diferentes frentes, com destaque à minimização de custos com transporte e armazenagem.

Nesse contexto, compreender e diferenciar conceitos logísticos como *inbound* e *outbound* é um requisito para o profissional que deseja atuar nesse segmento. Isso pode favorecer importantes *insights* quanto ao desenvolvimento de uma estratégia racional e eficiente no que tange às atividades e aos riscos relacionados à cadeia de suprimentos.

A logística *inbound* e a *outbound* são processos complementares, não concorrentes. Na Figura 4.1, a seguir, é esquematizada a relação entre a logística *inbound*, o processamento, a logística *outbound*, as ações de *marketing* e vendas e a entrega do serviço logístico.

Figura 4.1 – Fluxo de operações logísticas

| Logística inbound | → | Operações | → | Logística outbound | → | Marketing e vendas | → | Serviço |

O que é?

Logística *inbound* é o processo que envolve o transporte, a armazenagem e a entrega de bens e serviços realizados nas atividades internas de uma organização, ou seja, as atividades realizadas após o recebimento de bem ou serviço de um fornecedor. A **logística *outbound*** compreende as mesmas atividades (transporte, armazenamento e entrega), com o diferencial de estas serem realizadas pela organização para atendimento de seus clientes.

A dinâmica das logísticas *inbound* e *outbound* é composta por duas divisões da cadeia de suprimentos (*supply chain*). São duas opções auxiliares na busca por eficiência na gestão de custos logísticos e no aumento do nível de serviço logístico ofertado.

Do ponto de vista do tema desta obra — os armazéns e condomínios logísticos —, é necessário que o gestor pense sobre os modos de realização das operações logísticas necessárias ao recebimento e à preparação de pedidos nesses espaços.

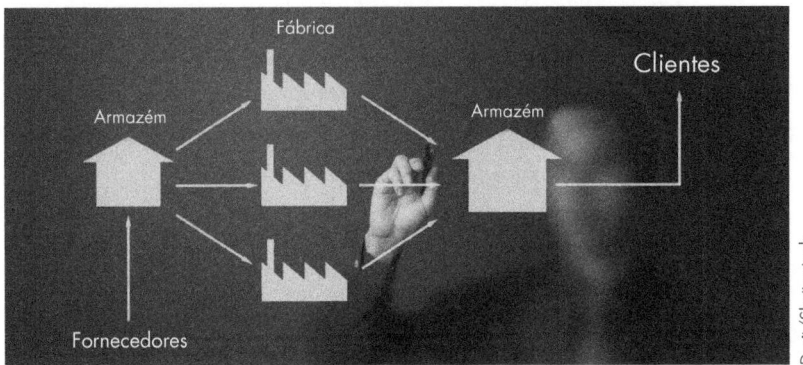

Figura 4.2 - Relação condomínio logístico e logística *inbound* e *outbound*

Como você pode observar na figura, espaços como armazéns e condomínios logísticos podem ser utilizados tanto na logística *inbound* quanto na logística *outbound*. Trata-se, portanto, de um aspecto relevante ao contexto da cadeia de suprimentos, tema da seção a seguir.

4.2 Cadeia de suprimento (*supply chain*)

Supply chain management consiste em um conceito centrado no desenvolvimento da cadeia de suprimentos em rede com base no gerenciamento de fornecedores. Contudo, compreende um conceito mais amplo e aprofundado em termos no que atina à integração de fornecedores e a suas técnicas de operação (Pires; Musetti, 2000).

Para Jacobs e Chase (2011), *cadeia de suprimentos* compreende o relacionamento entre fornecedor e cliente, ligando organizações desde a fonte de matéria-prima e seus processos de fabricação até seu consumo. Inclui todas as atividades envolvidas na produção e na liberação de um produto final, com destaque às etapas de **planejar, abastecer, fazer** e **entregar**. De acordo com Reis et al. (2015), as operações logísticas que se erigem sobre esses quatro fundamentos aumentam seu *market share*, maximizam sua eficiência e satisfazem seus clientes.

O que é?

Cadeia de suprimento é um conjunto de instalações que, embora dispersas, são interligadas por uma relação de caráter comercial, pela qual interagem entre si. Ao se promover a integração de cada elemento em uma cadeia, maximiza-se a eficiência no atendimento às necessidades dos clientes, sua satisfação e, consequentemente, o aumento de seu *market share*, isto é, sua participação de mercado.

A logística é o conjunto de processos gerenciais e operacionais responsável pelo fluxo de materiais e informações que transacionam nos estágios de uma cadeia de suprimentos, visando maximizar o resultado do todo logístico (Pires, 2004).

Figura 4.3 – Cadeia de suprimento

Análise de cadeia de suprimentos

Gestão de cadeia de suprimentos

Logística colaborativa

Ao observarmos a gestão de uma cadeia de suprimentos, é possível identificar a existência de uma empresa focal — detentora da atividade de maior valor agregado na cadeia — e seus elos que podem estar a montante ou a jusante na cadeia.

O que é?

Elos a montante correspondem àqueles relacionados com o fornecimento de matérias-primas e insumos, e os **elos a jusante** são as atividades realizadas depois de o produto concluído deixar a empresa focal (Netto; Tavares, 2006).

Entre os muitos aspectos a serem considerados na gestão de uma cadeia de suprimentos, estão as atividades *inbound* e *outbound*. Conforme já aludimos, a **logística *inbound*** é aquela responsável pelo abastecimento de uma organização, ou seja, pela operacionalização do fluxo de materiais, desde sua fonte até sua entrega para uso na produção de um bem ou serviço. Já a **logística *outbound*** refere-se às operações necessárias para que o bem produzido chegue ao consumidor final (Jacobs; Chase, 2011). Na Figura 4.4, a seguir, estão esquematizados esses dois processos.

Figura 4.4 – Processo com atividades *inbound* (etapas 4 a 9) e *outbound* (etapas 10 a 13)

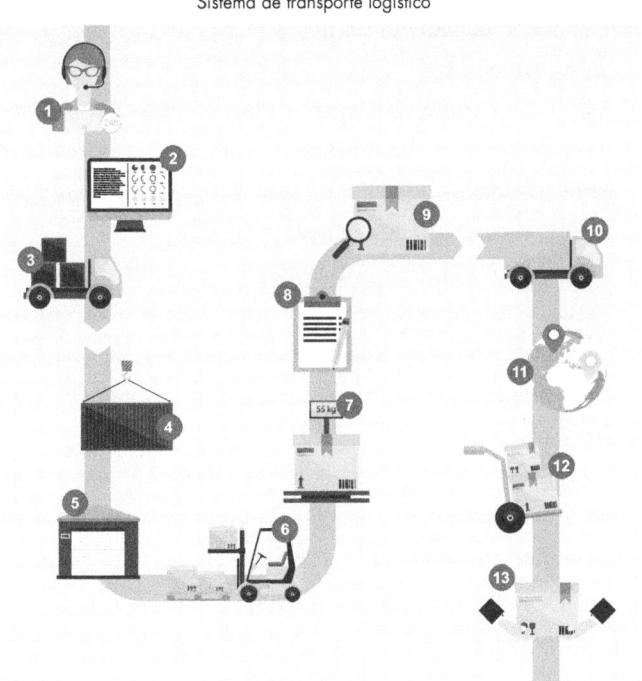

Sistema de transporte logístico

Para ilustrar, consideremos uma importação de uma carga unitizada em contêiner, que é levada para um armazém logístico para sua descompactação, onde são realizadas as operações de separação, conferência, embalagem e endereçamento para posterior entrega ao cliente.

Exercício resolvido

Diante de um panorama globalizado e competitivo, no qual as necessidades mercadológicas se mostram cada vez mais exigentes e em que as organizações constantemente se reinventam para atender a demandas como qualidade, rapidez e baixo custo, há a necessidade de um esforço que assegure a eficiência de operações e o ganho de produtividade industrial, ambos viabilizados pela construção de uma logística integrada. No que diz respeito a isso, avalie as alternativas a seguir e indique a correta:

f. Espaços como armazéns e condomínios logísticos podem ser utilizados somente para a modalidade de logística *inbound*, não atendendo plenamente às necessidades do contexto da cadeia de suprimentos.

g. As relações comerciais entre cada elemento em uma cadeia de suprimentos maximizam a eficiência no atendimento às necessidades dos clientes, sua satisfação e, consequentemente, o aumento de seu *market share*.

h. Tanto a modalidade logística *inbound* quanto a modalidade logística *outbound* compreendem processos concorrentes, que, em virtude das especificidades de suas operações, não se complementam. Por isso, há a necessidade de estudo de cada uma separadamente.

i. A logística *inbound* é aquela responsável pelo abastecimento de uma organização, ou seja, é a que operacionaliza o fluxo de materiais desde sua fonte até a sua entrega para uso na produção de um bem ou serviço.

> **Gabarito**: d
>
> *Feedback* **da atividade**: a alternativa "a" não está correta, pois os espaços como armazéns e condomínios logísticos podem ser utilizados tanto para logística *inbound* quanto para logística *outbound*, sendo, portanto, relevante para a cadeia de suprimentos. A alternativa "b" está incorreta, pois é a integração dos elementos em uma cadeia que promove a maximização da eficiência no atendimento às necessidades dos clientes, sua satisfação, e, consequentemente, o aumento do *market share* da organização. A alternativa "c" está equivocada, pois a logística *inbound* e a *outbound* são processos complementares, não concorrentes.

4.3 Logística *inbound*

Inbound é uma palavra inglesa que denota "entrada". Assim, a logística *inbound* compreende operações voltadas a direcionar determinado material (matéria-prima ou insumo) à empresa que faz seu beneficiamento. Também é conhecida como *logística de abastecimento*, por enfocar as atividades relacionadas à obtenção de materiais com fornecedores, compreendendo atividades executadas desde o princípio da cadeia de suprimento (fornecedor) até o destino final na empresa (estoque ou produção) (Delpim, 2012). Nessa modalidade, são desempenhadas atividades como recebimento, transporte, movimentação, estocagem e armazenagem.

De acordo com Bowersox e Closs (2001), o cumprimento do objetivo logístico de disponibilizar materiais ao menor custo e no menor tempo possível está relacionado à integração dos diversos recursos na cadeia de suprimentos. Nesse sentido, Delpim (2012) assevera que é responsabilidade da logística *inbound* a tomada de decisões estratégicas quanto a aspectos como: tempo/prazo para armazenar ou transportar; definição do modal de transporte; e definição da localização de estoques e do nível de controle necessário.

Esse espaço que compreende desde a saída de mercadoria do fornecedor até sua entrega na empresa compradora, para posterior beneficiamento, é denominado *janela de abastecimento*. No contexto da logística *inbound*, executam-se as operações de locomoção (transporte), recebimento e descarga para a produção. Na Figura 4.5, a seguir, é possível observar o recebimento e a descarga de material para posterior aplicação produtiva.

Figura 4.5 – Vista de armazém operando logística *inbound*: recebimento e descarga

Fique atento!

A logística *inbound* abarca o fluxo de materiais e operações dentro da janela de abastecimento de uma cadeia de suprimentos e abrange tudo aquilo que provém de fornecedores (serviços, ferramentas, matérias-primas, insumos etc.). Compreende, portanto, processos que viabilizam as atividades rotineiras de uma organização.

Conforme Jacobs e Chase (2011), são funções da logística *inbound* as listadas no Quadro 4.1.

Quadro 4.1 - Funções da logística *inbound*

Processamento de informações	Referentes ao fluxo de material, englobam a localização, a rastreabilidade, a validade etc.
Recebimento e descarga	Conferência do que foi solicitado e do que foi recebido fisicamente conforme se descarrega, para posterior organização e armazenamento.
Auditoria da qualidade	Avalia-se a qualidade do que se está entregando à produção. Por exemplo: se há contaminação no material, se o material está dentro do prazo de validade ou se é o material correto. Essa função é relevante por contribuir diretamente para o resultado, isto é, para a qualidade do item acabado.
Administração de estoque	Ações voltadas à organização, identificação, manutenção, atualização e acuracidade (inventário).
Embalagem e movimentação	Ações realizadas para proteger e salvaguardar o material até que este seja solicitado pela produção.

Algumas das funções da logística *inbound* descritas por Jacobs e Chase (2011) são:

- processamento de informações pela leitura de código QR;
- administração de estoque facilitada pelas informações coletadas pelo código QR;
- embalagem e movimentação, pela qual é possível determinar pelo leitor que, no volume unitizado, consta determinado material.

No que se refere às operações realizadas em espaços, como os condomínios logísticos, é importante que o gestor desenvolva atividades que promovam o processamento de informações provenientes de diferentes fornecedores. São as operações realizadas nessa fase que asseguram a qualidade e a conformidade produtiva de toda uma cadeia, como detalhamos a seguir.

4.3.1 Recebimento

Como explicamos anteriormente, tanto na logística *inbound* quanto na logística *outbound*, há necessidade de um delineamento de atividades que promovam a distribuição de produtos e de informações ao longo da cadeia de suprimentos. Assim, a operação de suprimento é essencial para o recebimento, pois essa atividade gera impactos nos custos e na eficiência das movimentações nos processos *inbound*. Compõem atividades principais do recebimento de acordo com Ballou (2010):

- a inicialização e a transmissão dos pedidos de compra;
- o transporte do pedido até a empresa e a gestão de estoques.

O transporte pode ser realizado para um armazém ou condomínio logístico, e neste também deve ser realizada a gestão de estoque. Assim, o recebimento é uma tarefa que demanda eficácia em sua realização, pois influencia diretamente os demais processos de uma cadeia de suprimentos, como a estocagem, a reposição, o *start* produtivo e as vendas.

O recebimento é a primeira etapa pela qual um material passa no fluxo logístico. É de grande importância porque se processa quando há necessidade de aprovação do material com base em critérios que asseguram sua conformidade para somente assim ser disponibilizado para a estocagem ou encaminhado à produção. Caso contrário, o material pode ser rejeitado, o que impacta o andamento das etapas subsequentes (Lopes, 2015).

Fique atento!

Se considerarmos os pressupostos de Lopes (2015), uma carga de matéria-prima, ao ser recebida em uma organização, deve dispor de sua nota fiscal avaliada quanto à existência de pedido de compra antes de ser descarregada do veículo de transporte. É por esse pedido que o responsável pelo recebimento poderá avaliar se o material era esperado e se foi entregue na quantidade certa e nas condições acordadas em sua respectiva negociação de compra.

Há situações em que o material também exige avaliação técnica, como avaliação de certificado de qualidade, e validação de laudos técnicos (que também podem levar à rejeição de carga se não estiverem adequados). Se a entrada dessa carga em estoque for autorizada pela ordem de compra e, posteriormente, pelo aceite técnico, é descarregada do veículo e segue as etapas de seu fluxo.

A conferência de um item recebido pode ser efetivada com o emprego de *check list* (lista de verificação), pela qual são confrontadas as informações esperadas e as recebidas.

Assim, o recebimento é um processo que demanda atenção e agilidade de forma a assegurar a produtividade e os ganhos de um negócio. Uma empresa que não dispõe de um adequado fluxo de recebimento está sujeita a enfrentar problemas como atrasos, perdas de venda e insatisfação do cliente/consumidor em razão da falta de mercadorias. Segundo Ballou (2010), o objetivo da gestão de materiais é garantir a eficiência da produção por meio de informações convertidas em *inputs* para o planejamento das operações, inclusive as de recebimento.

O circuito de recebimento é iniciado com o registro do pedido de compra, ou seja, pela etapa de aquisição ou de compra, na qual determinado material é adquirido de fornecedor homologado que atenda às especificações da organização compradora (Rimoli, 2009). É um processo que se inicia no momento em que um material adquirido de um fornecedor é entregue à empresa compradora.

De modo geral, as etapas do processo de recebimento compreendem as atividades de agendamento da entrega, identificação da mercadoria, conferência de documentação, auditoria de recebimento, remanejamento e/ou separação dos produtos e registro em sistema de gestão do estoque.

O recebimento consiste nas etapas listadas na Figura 4.6, a seguir.

Figura 4.6 – Etapas do processo de recebimento

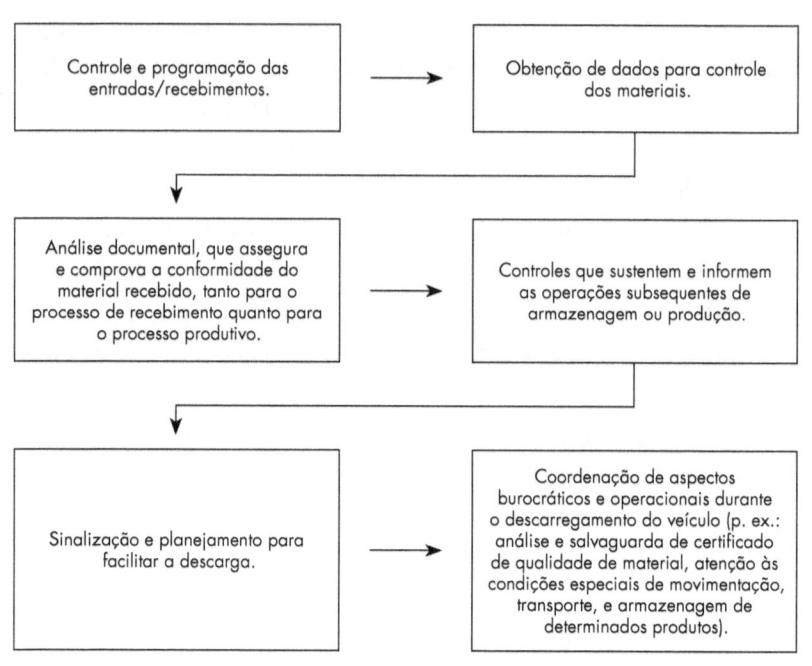

```
┌─────────────────────────────┐         ┌─────────────────────────────┐
│ Controle e programação das  │  ────►  │ Obtenção de dados para      │
│ entradas/recebimentos.      │         │ controle dos materiais.     │
└─────────────────────────────┘         └─────────────────────────────┘
              │                                       │
              ▼                                       │
┌─────────────────────────────┐         ┌─────────────────────────────┐
│ Análise documental, que     │         │ Controles que sustentem e   │
│ assegura e comprova a       │  ────►  │ informem as operações       │
│ conformidade do material    │         │ subsequentes de armazenagem │
│ recebido, tanto para o      │         │ ou produção.                │
│ processo de recebimento     │         └─────────────────────────────┘
│ quanto para o processo      │                       │
│ produtivo.                  │                       │
└─────────────────────────────┘                       │
              │                                       │
              ▼                                       ▼
┌─────────────────────────────┐         ┌─────────────────────────────┐
│                             │         │ Coordenação de aspectos     │
│                             │         │ burocráticos e operacionais │
│                             │         │ durante o descarregamento   │
│ Sinalização e planejamento  │         │ do veículo (p. ex.: análise │
│ para facilitar a descarga.  │  ────►  │ e salvaguarda de certificado│
│                             │         │ de qualidade de material,   │
│                             │         │ atenção às condições        │
│                             │         │ especiais de movimentação,  │
│                             │         │ transporte, e armazenagem   │
│                             │         │ de determinados produtos).  │
└─────────────────────────────┘         └─────────────────────────────┘
```

Fonte: Elaborado com base em Moura, 1997.

Um exemplo é o recebimento de produtos químicos, que demanda, além da atenção ao laudo técnico, a obrigatoriedade do acompanhamento de sua respectiva Ficha de Informação de Segurança de Produto Químico (FISPQ), bem como embalagem e acondicionamento adequado. Veja a figura a seguir.

Figura 4.7 – Recebimento de produto químico

Rimoli (2009) considera o agendamento de entregas uma atividade que merece atenção do gestor, pois a gestão inadequada desse trabalho pode resultar em gargalos de operação. Um malplanejamento de entrega tende a desencadear demora de abastecimento da produção, lotação de pátios, problemas de descarregamento, entre outras consequências. A seguir, elencamos mais alguns gargalos que potencialmente limitam o adequado processo de recebimento:

- divergência de dados cadastrais, o que invalida o processo;
- congestionamento de veículos de transporte;
- entregas que chegam sem horário marcado;
- diversas e dispersas formas de controle de recebimentos;
- divergência entre dado do documento fiscal e da ordem de compra;
- divergência entre a quantidade recebida e a prevista;
- divergência quanto ao tipo de produto entregue;
- inconsistência das condições comerciais acertadas;
- necessidade de devolução em razão de avarias ou perda de carga.

Diante dos desafios característicos dos processos de recebimento com os quais um gestor pode ter de lidar, algumas práticas de gestão podem ser empregadas. Os trabalhos de Moura (1997) e Rimoli (2009) apresentam essas iniciativas, que, ainda que possam variar de organização para organização, se empregadas e adaptadas às suas realidades, podem converter-se em facilitadores do processo de recebimento.

Investimento em capacitação

Uma boa gestão de armazéns e condomínios logísticos passa necessariamente pela captação de talentos. Por isso, é sempre importante investir em **capacitação de pessoal** para aqueles colaboradores responsáveis pela atividade de recebimento. É esperado desses empregados que tenham potencial técnico e comportamental alinhado a aspectos como dinamismo, flexibilidade, criatividade e capacidade de solucionar problemas, superar desafios, comunicar-se com desenvoltura, negociar e se adaptar às mudanças. Portanto, profissionais capacitados auxiliam no aumento da produtividade, uma vez que são mais assertivos, críticos e conhecem os critérios que envolvem a atividade. Uma adequada capacitação implica a redução de assimetria de informação, bem como eleva o patamar do processo para um recebimento profissional e técnico.

Realização de planejamento adequado

De nada adianta uma equipe capacitada, se esta não conta com um processo de recebimento organizado, sequenciado e detalhado. Quando um grupo de trabalho não tem suas práticas e rotinas registradas, ele não tem exata noção do que se espera nem domina os aspectos norteadores de suas ações.

O planejamento consiste na definição de objetivos e metas de recebimento e, com base nesses parâmetros, é possível alocar os recursos disponíveis para o êxito desse plano, evitando que a equipe cometa erros. Quanto mais organizado e detalhado for o planejamento do processo de recebimento, mais assertivo será o desempenho dos responsáveis pela atividade.

Fique atento!

Consideremos a **colocação do pedido de compra**. Apesar de ser uma etapa anterior ao recebimento, trata-se de uma fase muito relevante de tal processo. Primeiramente, o pedido de compra, ou ordem de compra, habilita o processo de recebimento. Logo, é muito importante que essa etapa ocorra da maneira mais adequada possível, ou seja, não contenha erros ou divergências que possam atrapalhar a fase subsequente. Por exemplo, todo processo de importação é iniciado pela colocação de uma *Purchase Order* (PO). O espelho desse documento possibilita a elaboração do documento fiscal.

Quando o envio da solicitação de compra é feito manualmente, por correio eletrônico ou telefone (mensagem de texto), há a necessidade de digitação. Nessa forma de lançamento de pedidos, são muito comuns erros, principalmente quando há um expressivo volume de pedidos a serem postos. Assim, a colocação manual de pedido apresenta elevada probabilidade de divergências e, consequentemente, pode impactar o momento do recebimento. A alternativa é automatizar o envio de pedidos, passando a utilizar sistemas que realizam os pedidos aos fornecedores e acelerando o processo, o que confere maior precisão à informação.

Conferência do pedido de compra com a nota fiscal

Procedimento que deve ser realizado antes do envio da mercadoria, a conferência consiste na verificação do espelho do documento fiscal antes que o material deixe as instalações de seu fornecedor. As organizações adotam essa prática por entenderem que há ganho de tempo e dinheiro quando divergências são detectadas antes do recebimento real.

Assim, ao realizar a conferência (batimento) entre a ordem de compra e o que foi registrado no documento fiscal, evita-se que as mercadorias recebidas apresentem divergência de dados e que ocorram atrasos na entrega, falta de produto e até a perda de vendas. Esse tipo de conferência antecipada é muito empregado no *e-commerce*.

Nesse sistema, o usuário confronta previamente o que foi solicitado, o que será entregue e as condições comerciais. Esse processo pode ser realizado pelo espelho da nota fiscal a ser emitida pelo fornecedor. O cliente realiza a conferência, verifica a conformidade e, em seguida, autoriza o envio.

No que diz respeito ao âmbito organizacional, essa solução também pode ser automatizada. O mercado dispõe de *softwares* que parametrizam ordens de compras, sinalizando inconsistências e evitando os problemas já indicados.

Programação de entregas

Compreende o adequado agendamento de entregas de produtos adquiridos. No caso de armazéns e condomínios logísticos, consiste na programação de entregas (momento da chegada da mercadoria) nas docas desses espaços.

Fique atento!

O agendamento de entrega de cargas está ligado à programação de equipamentos, recursos e espaços disponíveis. Quando há o alinhamento entre esses aspectos, é possível diminuir o tempo de espera, bem como otimizar ferramentas e áreas de trabalho. Logo, a programação de entrega é vantajosa porque dá ciência da quantidade de posições e docas disponíveis (Bowersox; Closs; Cooper, 2006).

Uma programação de entrega deficiente ou inexistente pode resultar na depreciação de mercadorias, em filas de espera de transportadoras e até na ruptura de estoques. Uma alternativa a essa situação é o agendamento de entregas. Assim, evitam-se problemas como os mencionados, ao mesmo tempo em que se garante a qualidade do processo de recebimento. É necessário definir uma rotina de entregas, sem descuidos, para não comprometer a capacidade de estocagem.

Trabalho integrado

Como é sabido, uma empresa é constituída por diversos setores e que cada um deles tem sua função e relevância dentro do contexto organizacional. Logo, é importante que gestor pense e atue de forma integrada sua cadeia de suprimento. Quanto maior for essa integração, maior será a capacidade de responsividade que seus processos terão.

Sobre esse aspecto, consideremos o seguinte exemplo: determinado cliente submete suas especificações de resistência de material ao comercial. Este, alinhado e integrado aos demais setores, compartilha com o de compras a especificação técnica do cliente, a qual norteia a busca por material que atenda aos requisitos desejados e à relação custo-benefício para a organização compradora. O de compras, em sua ordem de compra, anexa a especificação técnica que é utilizada pelo recebimento como critério de aceite e liberação de carga.

No que tange ao recebimento, é importante que esse processo associe setores como o de compras, de transporte e de comércio. Quando isso ocorre, o processo torna-se mais ágil, coerente e simples.

Exercício resolvido

O controle de armazéns e condomínios logísticos abarca processos como: recebimento e gestão de material; gestão e segurança patrimonial; aplicação de *software* de armazenagem; armazenagem e estratégias de separação. A área de recebimento é fundamental no processo de entrada de material nas organizações e, por isso, muitas são as atribuições dessa área. Sobre esse tema, analise as alternativas apresentadas e indique a correta:

a. Recebimento é a área responsável pela conferência dos dados constantes na nota fiscal e no respectivo pedido de compra, apenas.

b. Pedido de compra é a primeira etapa do recebimento, sendo uma parte muito relevante do processo logístico, pois é o pedido de compra, ou ordem de compra, que habilita o processo de recebimento.

c. São fundamentais para a etapa o recebimento físico e fiscal do produto, bem como a verificação visual da integridade do material e das embalagens empregadas.

d. O agendamento de entregas é uma atividade de menor importância, não requerendo atenção do gestor, pois mesmo que exista uma gestão adequada, a possibilidade de geração de gargalos de operação é pequena.

Gabarito: c

Feedback **da atividade**: a alternativa "a" está incorreta, pois o recebimento é a área responsável pela conferência dos dados constantes na nota fiscal e no respectivo pedido de compra, bem como pelo batimento do documento fiscal e do material recebido. A alternativa "b" não está correta, pois o pedido de compra é uma etapa anterior ao recebimento, sendo uma parte muito relevante para o processo logístico. A alternativa "d" está equivocada, pois o agendamento de entregas é uma atividade que merece atenção do gestor, pois, caso não se realize uma gestão adequada, há possibilidade de geração de gargalos de operação.

Assim, considerando-se todas as atividades possíveis em processos de recebimento, podemos observar que essa fase requer muita atenção a suas variáveis, as quais dependem das especificidades das organizações. Contudo, independentemente das particularidades de cada empreendimento, é necessário assegurar a conformidade do que é recebido, bem como a eficiência do sistema de recebimento como um todo (Lopes, 2015).

O recebimento mostra-se, portanto, como um processo relevante às organizações. Ele compreende mais do que descarregar material de um veículo de transporte e colocá-lo em um estoque; quando é conduzido satisfatoriamente, o recebimento converte desafios em resultados positivos, eliminando gargalos e problemas de processo.

4.4 Logística *outbound*

Em tradução, *outbound* significa "saída". Na logística, abarca as atividades relacionadas à produção de um item, à saída deste da empresa fabricante ao ser concluído e, por fim, a seu envio para o cliente/consumidor.

Após um material (matéria-prima ou insumo) ser recebido em uma organização, ele é processado e convertido em um produto, que, por sua vez, é disponibilizado ao consumidor, tendo de ser entregue a ele. É nesse momento que a logística de *outbound* atua, disponibilizando o item finalizado na quantidade e no local certos e conforme o prazo estabelecido com o cliente/consumidor final, como ilustrado na Figura 4.8, a seguir.

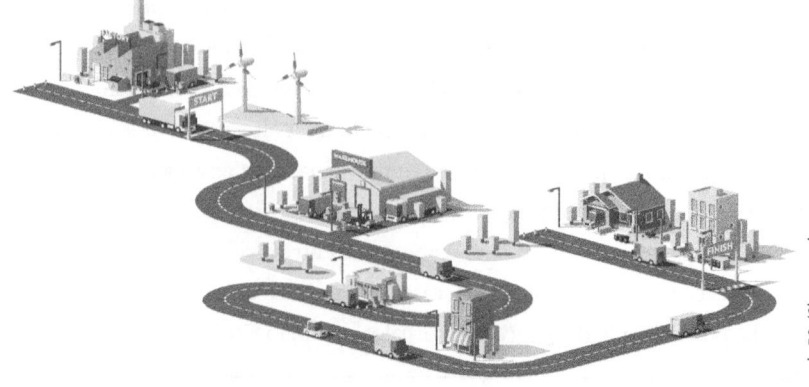

Figura 4.8 – Logística *outbound*

Logo, a logística *outbound* ocupa-se dos produtos finais ou dos serviços de determinada empresa, viabilizando o contato com seu mercado consumidor de modo rápido e eficiente.

Ao considerarmos os armazéns e condomínios logísticos, a logística *outbound* caracteriza-se pela saída dos produtos finalizados das empresas fabricantes/fornecedoras para chegar aos consumidores finais. Contudo, essa atividade não é tão simples quanto parece, pois as operações logísticas devem abarcar toda a distribuição até o cliente final.

As ações da logística *outbound* envolvem:

- roteirização de entregas;
- monitoramento e rastreio;
- contratação de prestadores de serviços logísticos;
- previsão de ações decorrentes de atrasos e as devoluções.

Na Figura 4.9, a seguir, você pode verificar um exemplo de logística *outbound*. Considere que a imagem apresenta docas de uma empresa distribuidora de produtos sanitários. Após o processamento dos pedidos dos clientes, os itens são separados, embalados e unitizados em docas específicas de coleta.

Figura 4.9 – Organização de docas na logística *outbound*

Segundo Jacobs e Chase (2011), as funções da logística *outbound* são:

- planejamento de entregas;
- monitoramento das entregas;
- atuação sob a gestão da distribuição;
- processos logísticos.

Conforme temos demonstrado, embora possam ser pontos de convergência, as modalidades logísticas *inbound* e *outbound* guardam algumas diferenças entre si. Pires (2004), Jacobs e Chase (2011) reiteram tais diferenças, que residem em:

- **Tempo de entrega**: na logística *inbound*, o tempo de entrega é resultado da distância entre o fornecedor e a empresa compradora; já na logística *outbound* o tempo de entrega compreende desde a produção até a chegada ao cliente/consumidor.
- **Custos**: os custos do *inbound* resultam da aquisição do material para processamento, ao passo que os custos com *outbound* derivam do transporte e da entrega do item concluído. Logo, os custos variam muito de uma para outra, podendo impactar tanto a empresa compradora quanto o cliente/consumidor final. Em *outbound,* por exemplo, no que tange à armazenagem simples, o emprego de condomínios logísticos é uma maneira de reduzir gastos e atender às expectativas do serviço realizado.

Pelo exposto, está claro que as modalidades logísticas citadas não concorrem entre si; pelo contrário, ambas visam à máxima eficácia de uma cadeia e atuam de modo complementar e integrado.

Salientamos que uma cadeia integrada é aquela que sincroniza processos de logística *inbound* e *outbound*, empregando capacidade de responsividade, automatização, compartilhamento de espaços físicos, meios de transportes e colaboradores. São exemplos de ações nesse sentido: acordos de precificação, volume de contratos, termos de entrega etc. (Jacobs; Chase, 2011). Bowersox e Closs (2001, p. 43) acrescentam que "a logística integrada é vista como a competência que vincula a empresa a seus clientes e fornecedores. O processo tem duas ações inter-relacionadas: fluxo de materiais e fluxo de informações".

Perguntas & respostas

Por que é importante diferenciar logística *inbound* de logística *outbound*?

A logística *inbound* e a *outbound* guardam muitas semelhanças operacionais, tais como: a possibilidade do uso de diferentes modais de transporte e o emprego de informações. Contudo, devem ser tratadas e geridas de forma diferenciada, pois realizam a entrega de serviços logísticos que, embora operacionalmente parecidos, destinam-se a fins específicos.

Assim, no que se refere à vantagem competitiva, as logísticas *inbound* e *outbound* são peças fundamentais para a eficácia e a eficiência dos processos organizacionais. Para tanto, é necessário que o produto/serviço esteja à disposição do cliente/consumidor em quantidade, local e condições corretas. A seguir, trataremos de todo o fluxo que compõe esse processo.

4.4.1 Preparação/processamento de pedido

Iniciaremos nossa discussão com o seguinte questionamento: O prazo estabelecido para a finalização de uma atividade logística corresponde a um fator importante na definição do preço de um produto? Se você respondeu "sim", está correto. O tempo é algo muito relevante na logística e em suas múltiplas interfaces.

O processamento de pedidos é uma etapa importante no processo logístico, pois é nessa fase que diversas atividades incluídas no ciclo de um pedido são finalizadas. O ciclo de um pedido abrange as seguintes atividades:

- preparação;
- transmissão;
- recebimento;
- expedição do pedido;
- relatório da situação do pedido.

Tais atividades têm tempo específico para serem realizadas, podendo demandar maior ou menor tempo conforme as características do pedido. Em logística, realizar uma atividade de modo ágil e rápido significa despender menos tempo com os recursos disponíveis e, consequentemente, aumentar a produtividade. Esse também é o posicionamento adotado no processamento de pedidos: quanto mais rápido e eficiente ele for, melhor será para o processo, que apresentará elevado índice de responsividade.

Segundo Bowersox, Closs e Cooper (2006), em cadeias de suprimentos, as especificações são transmitidas na forma de pedidos. O processamento dessas solicitações envolve os aspectos indicados na solicitação, incluindo o recebimento inicial do pedido, a entrega, o faturamento e a cobrança. Logo, o processamento de pedidos caracteriza-se por uma série de atividades desenvolvidas para atender às necessidades e demandas de mercado. Apresentaremos nas seções a seguir as características dos processamentos de pedidos segundo a análise de Ballou (2010).

Processamento de pedidos industriais

Normalmente, pedidos no âmbito industrial são de grande escala, ou seja, em quantidades elevadas, visto que são separados insumos para a manutenção da operação diária. Contudo, quando há baixo volume de pedidos, tende a ser menor a quantidade de itens a serem processados. Nesse caso, boa parte do processamento de pedidos na indústria é feita manualmente, como ilustra a Figura 4.10.

Figura 4.10 – Processamento manual de pedidos

O sistema de processamento manual caracteriza-se pela alta concentração de atividade humana. Embora alguns estágios do processamento de pedidos possam ser automatizados, a atividade manual representa a maior parcela em um processamento de pedido no âmbito industrial. Logo, também representa a modalidade com maior probabilidade de erros, uma vez que a falha humana é uma constante em processos de separação, seja por erro de identificação, seja por separação incorreta.

Para sistemas em que o processamento de pedidos é manual, recomenda-se a automatização do que for possível, investimento em capacitação, desenvolvimento de sistemas de conferência ou dispositivos *PokaYoke* (nome em língua japonesa que significa "sem erros"), bem como constante monitoramento das atividades por parte da gestão.

Processamento de pedidos de varejo

Em razão da diversidade e da quantidade de produtos processados, o processamento de pedidos do varejo emprega um nível maior de automação, se comparado à indústria. O emprego da internet tem possibilitado às organizações que operam nessa modalidade a redução de espaço em armazéns, a otimização dos níveis de estoque, a redução do tempo de manuseio e o maior monitoramento do progresso do pedido realizado pelo cliente, como esquematizado na Figura 4.11, a seguir.

Figura 4.11 – Processamento de pedido varejo pela internet

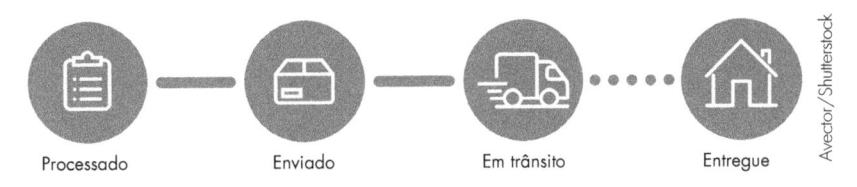

Processado — Enviado — Em trânsito ····· Entregue

Avector/Shutterstock

Processamento de pedidos via *web*

O processamento de pedidos via *web* é caracterizado pela colocação de um pedido, e todo seu acompanhamento para atendimento ocorre via internet, e não somente uma parte dele, como o descrito anteriormente. Esse tipo de operação é comum no fluxo de pedidos em canais de suprimentos.

Pela lógica desse processamento, todas as partes interessadas de uma cadeia de suprimentos (p. ex.: comprador, fornecedor, transportador) realizam suas atividades de maneira integrada, compartilhando informações diretas e em tempo real, o que permite que os pedidos sejam processados de forma instantânea. O processamento de pedidos abarca uma parcela dos custos logísticos; logo, é uma relevante área logística, pois direciona o produto às etapas necessárias, até que estas sejam concluídas de modo a satisfazer o cliente/consumidor.

No que tange aos armazéns e condomínios logísticos, conforme apontamos anteriormente, são vários os processos desenvolvidos nesses espaços: recebimento, envio, transferências, seleção e preparação de pedidos (ou *picking*), classificação e *cross-docking*. Dentre essas atividades, a preparação de pedidos tem sido identificada como a de maior custo logístico (Frazelle, 2002).

Fique atento!

Não existe uma classificação única quanto aos métodos de preparação de pedidos. Dukic, Cesnik e Opetuk (2010), por exemplo, apresentam as seguintes modalidades: **exclusivamente manual**, **com alguma automação** e **automatizados**. Ainda de acordo esses analistas, o estudo sobre o tema tem sido ampliado, tanto que se fazem outras propostas de processamento:

- operário ao produto (*picker-to-parts*);
- produto ao operário (*parts-to-picker*);
- baseado em listas de pedidos.

Além dos citados, há aqueles com diferentes níveis de automatização:

- *voice picking*, ou direção por voz;
- *RF scanning*, ou leitores de radiofrequência;
- *pick-to-light* e *put-to-light*, ou direção por luz;
- *picking by vision*, ou direcionamento por óculos.

Figura 4.12 – *Drone* realizando leitura de produto em estoque

Condomínios logísticos e fatores competitivos da logística atual / FOTOGRIN/Shutterstock

A Figura 4.12 demonstra que, embora ainda sejam predominantes os sistemas tradicionais, emerge na atualidade um novo cenário, no qual há a possibilidade do emprego de tecnologias de informação para o processamento de pedidos.

4.5 Movimentação e armazenagem flexível

Sabemos que, em um mundo em constante transformação, saber se adaptar e incorporar novas tendências, novos métodos e novas tecnologias é determinante para o sucesso de qualquer formato de negócio. Nesse sentido, o processo logístico é composto por uma complexa cadeia de processos e etapas, o que demanda maleabilidade.

A armazenagem é o subsistema logístico ao qual incumbe a gestão física dos estoques, compreendendo as atividades normatizadas de guarda, preservação, embalagem, recepção e expedição de materiais e métodos de armazenamento (Ballou, 2010). São esses os processos em que se executa a guarda física dos materiais (sejam matérias-primas, sejam produtos finalizados), em estoque – local onde ficam armazenados os produtos para atender à produção e os materiais entregues pelos fornecedores.

A flexibilidade diz respeito à habilidade que auxilia tanto empresas quanto indivíduos a se manterem competitivos, relevantes e atraentes para o mercado. Assim, processos logísticos flexíveis, com destaque para a movimentação e a armazenagem, são aqueles que desenvolvem suas atividades orientadas a uma gestão eficiente, moderna e com respostas rápidas. A Figura 4.13, a seguir, mostra que, por meio do emprego de drones, é possível ao operador logístico avaliar visualmente a situação de seu estoque.

Figura 4.13 – Movimentação e armazenagem flexível com emprego da tecnologia

Halfpoint/Shutterstock

Logo, ser flexível no âmbito logístico implica ofertar respostas rápidas e promover as adaptações necessárias às novas e diferentes exigências mercadológicas. O *lean manufactoring* e o *just in time* são exemplos de metodologias que se caracterizam pela flexibilidade dos processos, devendo estes serem projetados de maneira enxuta, ágil e inteligente. A explicação logística para o uso de sistemas é que sua incorporação se justifica por permitir a implementação de padrões e, ao mesmo tempo, eliminar qualquer excesso, gargalo e desperdício.

Assim, processos logísticos tradicionais e inflexíveis dificilmente conseguem acompanhar o mercado e suas inovações tecnológicas, o que impacta diretamente a capacidade competitiva. Portanto, ser flexível, independentemente do ramo de negócio, compreende a busca contínua por aperfeiçoamento, sempre se priorizando o que é essencial para o cliente/consumidor.

Fique atento!

A gestão *lean* (gestão enxuta) teve sua origem no sistema Toyota de produção. No entanto, tal modelo tem sido aplicado aos sistemas logísticos, inclusive em condomínios logísticos, sendo uma filosofia de gestão orientada à redução de desperdícios que impactam os negócios e suas operações. São exemplos de desperdícios combatidos por essa filosofia: a superprodução, o tempo excessivo de espera, o transporte inadequado, o excesso de processamento, o inventário demasiadamente extenso, o movimento e os defeitos.

No que tange às atividades logísticas em condomínios, a diminuição de desperdícios impacta na minimização de aspectos como tempo e custos, bem como possibilita a melhoria operacional. A filosofia *lean* conta com ferramentas de medição e análise, e elementos ou metodologias à prova de falhas.

Determinadas atividades logísticas podem ser dispendiosas; por isso, é muito importante que as organizações do setor atuem sobre tais custos. E é exatamente sobre tal aspecto que a filosofia *lean* pressupõe atuação. Por exemplo, as atividades de movimentação e de armazenagem demandam custos elevados, e não agregam valor ao produto. No entanto, são atividades importantes e de elevada complexidade operacional.

Etapas como recepção, separação, preparação para expedição e envio ao cliente constantemente passam por otimização. Assim, a aplicação da filosofia *lean* possibilita um planejamento que habilita o desenvolvimento de processos otimizados nessas etapas.

Salientamos que a proliferação dessa filosofia na logística habilita uma série de ações com vistas ao desenvolvimento de atividades enxutas, bem como sua aplicação ao gerar resultados satisfatórios, já começa a ser vista como tendência, demandando profissionais com tal conhecimento.

Exercício resolvido

A atividade logística está presente em diversas atividades de diferentes setores dentro das práticas e rotinas das organizações. Entretanto, algumas merecem destaque para que obtenham resultados relevantes e capazes de promover a satisfação dos clientes. Tendo isso em vista, realize a leitura e a análise das alternativas sobre as logísticas *inbound* e *outbound* e indique a correta:

a. A logística *outbound* ocupa-se dos produtos iniciais/seminais de determinada organização, permitindo que esta entre em contato com seu mercado consumidor de forma rápida e eficiente.

b. Cadeia de suprimentos integrada é aquela que sincroniza processos de logística *inbound* e *outbound*, empregando capacidade de responsividade, automatização, compartilhamento de espaços físicos, meios de transportes e colaboradores.

c. Entre as muitas possibilidades de atividades logísticas existentes na modalidade *outbound*, são realizadas atividades como recebimento, transporte, movimentação, estocagem e armazenagem.

d. A função da logística *inbound* de administração de estoque é avaliar a qualidade do que se está entregando à produção, sendo, portanto, uma atribuição importante, pois contribui diretamente para a qualidade do item acabado.

Gabarito: b

***Feedback* da atividade:** a alternativa "a" não está correta, pois a logística *outbound* ocupa-se dos produtos finais ou dos serviços de determinada empresa, permitindo que esta entre em contato com seu mercado consumidor de maneira rápida e eficiente. A alternativa "c" está incorreta, pois é na modalidade *inbound* que são executadas atividades como recebimento, transporte, movimentação, estocagem e armazenagem. A alternativa "d" está equivocada, pois é pela realização da auditoria da qualidade que se avalia a qualidade do que se está entregando à produção, sendo, portanto, uma função importante, pois contribui diretamente para a qualidade do item acabado.

Síntese

- Compor uma cadeia de suprimentos eficiente e coerente com as exigências mercadológicas é um grande desafio para os gestores logísticos. Afinal, atender às necessidades operando com uma infinidade de atividades e operações requer o emprego de metodologias eficazes, como as logísticas *inbound* e *outbound*.
- A logística *inbound* compreende o fluxo de materiais e operações dentro da janela de abastecimento de uma cadeia de suprimentos. Essa logística tem início em seus fornecedores e fim no momento em que chega à empresa.
- A logística *outbound* é aquela em que o ponto de partida é a organização e o destino é o endereço do cliente/consumidor. Portanto, caracteriza-se pela realização de atividades externas de distribuição.

- As logísticas *inbound* e *outbound* são estratégias complementares, que precisam estar alinhadas e integradas para uma efetiva cadeia de suprimentos logísticos.
- Tais estratégias logísticas, quando empregadas adequadamente no fluxo logístico, são capazes de ampliar a capacidade organizacional.
- O recebimento é o processo que ocorre assim que a mercadoria adquirida é entregue à organização compradora. Inicialmente, pode parecer uma operação simples, mas é necessário executar suas etapas com muita atenção, pois erros decorrentes de um recebimento inadequado podem comprometer a produtividade e a saúde financeira da organização.
- O processamento de pedidos é constituído por várias atividades referentes ao ciclo do pedido do cliente, mais especificamente pelas atividades de preparação, transmissão, recebimento, expedição do pedido e monitoramento da situação do pedido.

Armazenamento logístico e tecnologias da informação

Conteúdos do capítulo

- Uso de tecnologias da informação e comunicação (TICs) em serviços de armazenagem.
- Sistemas informatizados e *Warehouse Management System* (WMS).
- Estruturas de armazenagem.
- Equipamentos de movimentação.
- Armazéns inteligentes.

Após o estudo deste capítulo, você será capaz de:

1. reconhecer a importância da atividade de armazenamento no contexto logístico;
2. explicar a relevância das TICs em atividades de armazenagem;
3. descrever o sistema WMS empregado em processos logísticos;
4. identificar as principais diferenças entre equipamentos estáticos e de movimentação em espaços de armazenagem;
5. descrever armazéns inteligentes.

Neste capítulo, apresentamos os principais conceitos e terminologias relacionados à armazenagem e sua associação inevitável com as tecnologias da informação e comunicação (TICs), uma relevante atividade para as operações logísticas e o atendimento das necessidades do consumidor. Em seguida, abordamos os condomínios logísticos sob a perspectiva da terminologia empregada na gestão de armazenagem e suas modalidades. Exploramos subtemas relevantes para a temática maior, como equipamentos e sistemas de movimentação e controle logístico, e demonstramos como tais assuntos relacionam-se com as métricas e a terminologia técnica da logística empresarial e suas operações.

capítulo 5

5.1 Uso das tecnologias da informação em serviços de armazenagem

Ao longo deste livro, temos informado que a logística tem como funções proporcionar um serviço adequado ao cliente por meio de fatores como localização estratégica, estoque eficiente, transporte eficaz, distribuição dinâmica e armazenagem bem-planejada. Nesse sentido, Lambert (1998) define *armazenagem* como a atividade de estocagem de produtos entre o ponto de origem e o ponto de consumo, bem como do fornecimento de informações acerca da condição e disposição do que se encontra estocado.

O atual e competitivo ambiente empresarial exige que organizações busquem cada vez mais alternativas que facilitem seu gerenciamento. No que tange à logística, esse contexto não é diferente, pois ela demanda constantemente serviços eficientes. Assim, o emprego das TICs surge como um diferencial competitivo para as organizações que buscam excelência de atendimento logístico.

O conteúdo exposto nesta seção como um todo é respaldado por Walton (1993), que já destacava a relevância da tecnologia da informação em processos de comunicação e automação em nível organizacional. Isso porque sua aplicação, quando alinhada à estratégia do negócio, pode contribuir para o aumento da competitividade empresarial.

5.1.1 Sistemas informatizados e Warehouse Management System (WMS)

Em razão da atual competitividade empresarial, as empresa procuram diferenciais competitivos. As TICs, quando bem-empregadas, convertem-se em um diferencial na busca pela excelência em atendimento ao cliente e pela máxima eficiência organizacional. Assim, pesquisas por alternativas que facilitem o gerenciamento das atividades empresariais são cada vez mais frequentes, sempre visando ao incremento do controle e da obtenção de informações precisas, atuais, tempestivas e que possam agilizar e respaldar o adequado processo de tomada de decisão e, consequentemente, a qualidade do nível de serviço prestado.

Para Lacerda (2000), a implantação de sistemas automatizados, seja no âmbito da movimentação de material, seja no de gerenciamento, é, na verdade, uma resposta às demandas de um ambiente dinâmico de negócios, com clientes mais exigentes quanto à qualidade do serviço recebido. Desse modo, muitas são as organizações que programaram mudanças em suas estruturas de armazenagem e distribuição.

Fique atento!

O emprego das TICs vem transformando a gestão de operações empresariais, inclusive as de âmbito logístico. São exemplos disso o emprego do código de barras, o uso do EDI (*Electronic Data Interchange*, ou intercâmbio eletrônico de dados), a aplicação do RFID (*Radio Frequency Identification*, ou identificação via radiofrequência) e o rastreamento de frotas com tecnologia GPS (*Global Positioning System*).

Cumpre destacar que tais tecnologias, além de aumentarem a velocidade do fluxo informacional, contribuem para a exatidão dos dados, pois o serviço prestado tem maior credibilidade no cenário em que se aplica. Para ilustrar isso, podemos citar o emprego de rastreamento de frotas e mercadorias, que permite o acompanhamento da atual posição desses veículos e produtos, contando-se com a tecnologia de GPS no rastreamento e monitoramento de transporte.

Lacerda (2000) já apontava que, no Brasil, estava em crescimento o número de projetos de automação em processos de armazenagem, que poderiam envolver operações simples, como a separação de pedidos, até operações mais sofisticadas, como aquelas que englobam o mínimo de intervenção humana. Nesse ponto, o referido autor antecipava o surgimento de armazéns inteligentes.

Fique atento!

Especificamente no caso de depósitos, armazéns e condomínios logísticos, são empregados os sistemas de gerenciamento conhecidos como WMS (Warehouse Management System, ou software de gestão de armazéns). Eles auxiliam na otimização da atividade de armazenagem dessas instalações, por exemplo, ao viabilizar a organização do espaço e o fluxo e distribuição de cargas/mercadorias.

O WMS consiste em um sistema de gestão de armazéns, centros de distribuição ou condomínios logísticos que operacionaliza todas as atividades relacionadas ao fluxo de materiais (atividade operacional), bem como todas as atividades relacionadas ao fluxo de informações (atividade administrativa) decorrentes do processo de armazenagem.

Conforme Banzato (1998), o WMS é um sistema de gestão por *software* que auxilia na operação de armazéns logísticos. É aplicado no gerenciamento de informações e para a conclusão de serviços, com elevada qualidade, controle e acurácia. Aqui, destacamos que o WMS abarca a otimização de atividades de recebimento, inspeção, endereçamento, armazenagem, separação, embalagem, carregamento, expedição, emissão documental e inventário.

Figura 5.1 – Aplicação de WMS

Roman Vyshnikov/Shutterstock

Imagine a seguinte situação: deve-se organizar a expedição de cargas semelhantes, mas para clientes diferentes, em docas muito próximas. A possibilidade de erro é grande nas diferentes etapas do processo.

É justamente o emprego de sistemas WMS que pode minimizar a ocorrência de erros logísticos. Esses sistemas auxiliam a superar o desafio de atender a clientes com diferentes especificidades de pedidos, o que demanda distintas manobras de *picking*, bem como o aumento do número de itens passíveis de controle, processamento e manuseio.

Logo, pelo emprego do WMS, todas as atividades passam a ser controladas e gerenciadas em vez de serem realizadas pelo operador logístico, eliminando-se o uso de registros manuais. Com isso, minimiza-se a probabilidade de divergências e aumenta-se a velocidade das operações (Banzato, 1998).

O WMS foi desenvolvido em resposta à necessidade de melhoria do fluxo de material e de informação em espaços logísticos como depósitos, armazéns, centros de distribuição (CD)ou condomínios. Trata-se, portanto, de um sistema que visa à redução de custos, à melhoria operacional e ao incremento do nível de serviço prestado.

Conforme Arozo (2003), os sistemas de WMS auxiliam no gerenciamento da operação diária de um armazém. Contudo, o estudioso assinala que o emprego desse recurso está restrito a decisões operacionais, como roteirização de coletas, endereçamento de produtos, entre outras.

A otimização proporcionada pelo WMS viabiliza o aumento da precisão informacional de estoque, da velocidade e da qualidade das operações logísticas e da produtividade, tanto de pessoas quanto de equipamentos. Embora muitos sejam os benefícios do emprego desses sistemas, eles foram viabilizados somente pelo surgimento de novas TICs, como as indicadas anteriormente e exemplificadas na Figura 5.2, a seguir.

Figura 5.2 – Dispositivos de automatização de armazéns

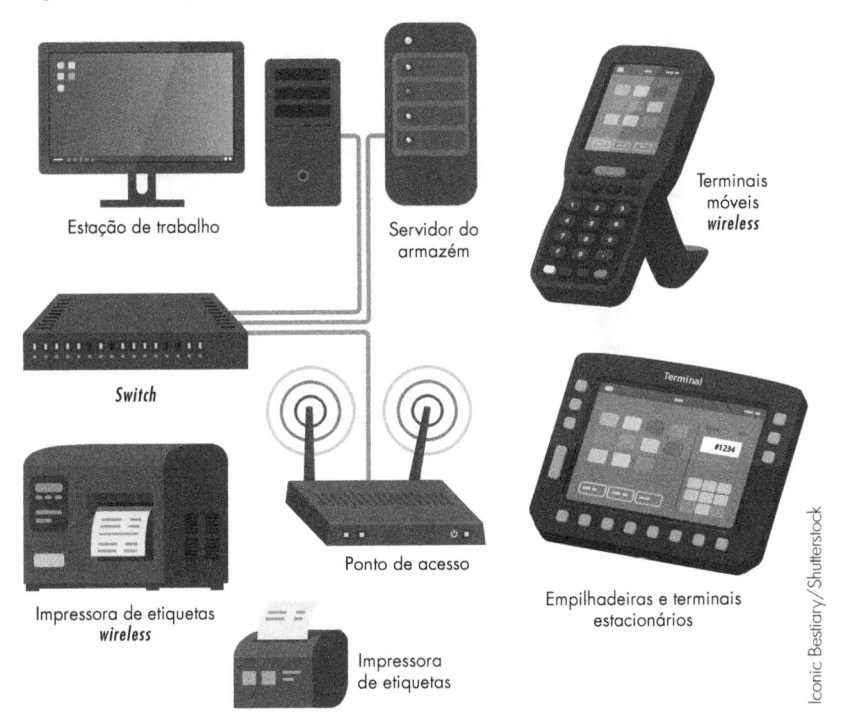

Estação de trabalho
Servidor do armazém
Terminais móveis wireless
Switch
Ponto de acesso
Impressora de etiquetas wireless
Impressora de etiquetas
Empilhadeiras e terminais estacionários

Iconic Bestiary/Shutterstock

Segundo Banzato (1998), o WMS consiste em um sistema de gestão por *software* que contribui para a melhoria das operações logísticas de armazenagem por meio do uso eficiente de informações e fluxo de material. A utilização desse recurso, ainda conforme o autor, compreende a conclusão de atividades com alto nível de controle e acuracidade de inventário.

Banzato (1998) acrescenta que as informações gerenciadas são integradas e provenientes de múltiplas interfaces, como transportadoras, fabricantes/fornecedores, sistemas de informações e clientes, como ilustrado na Figura 5.3, a seguir.

Figura 5.3 – Integração de informações logísticas

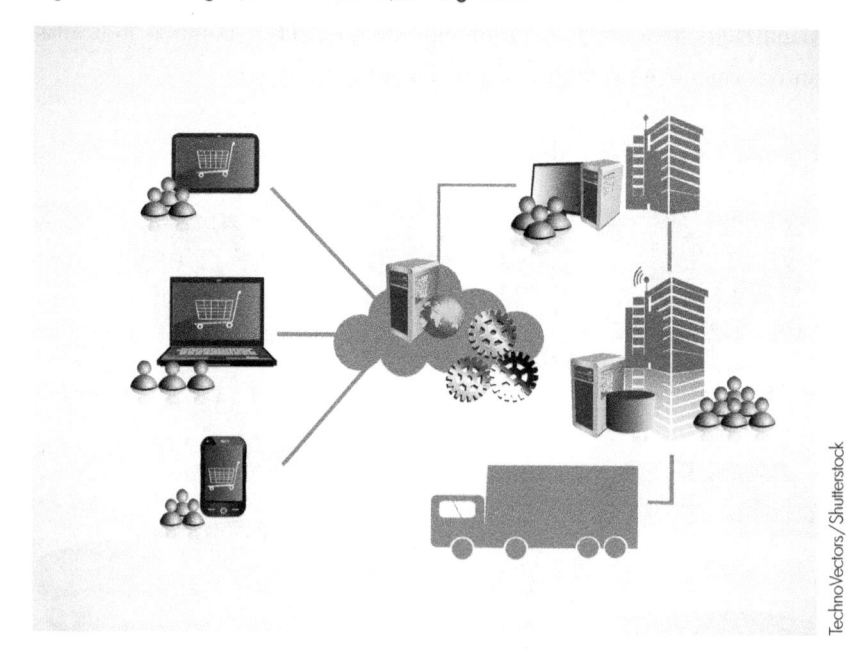

Quanto à operabilidade do WMS, as informações, antes realizadas manualmente pelo operador, passam a ser realizadas, controladas, integradas e gerenciadas por esse sistema. Com isso, elimina-se o excesso de processos documentais, minimizando a ocorrência de erros, aumentando a velocidade das operações e proporcionando maior acuracidade informacional.

O sistema opera em tempo real entre os múltiplos atores logísticos (transportadora, fornecedor, armazéns etc.). Isso possibilita a determinação do *status* (situação) da carga/mercadorias e gera informações que fornecem uma visão global e específica sobre determinada carga/mercadoria. A Figura 5.4, a seguir, ilustra que é possível acompanhar a colocação do pedido, sua separação pelo código de barras e atualização de estoque após tal movimentação.

Figura 5.4 – Etapas de aplicação de WMS

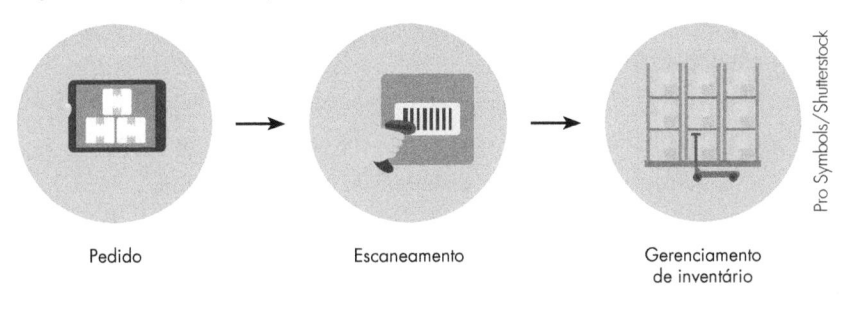

Pedido → Escaneamento → Gerenciamento de inventário

Pro Symbols/Shutterstock

O sistema WMS também auxilia na rotina de armazenagem, orientando a alocação e o manejo de cargas/mercadorias, viabilizando e otimizando a estocagem e a retirada de cargas/mercadorias em função de seu giro de estoque.

Ainda de acordo com Banzato (1998), a adoção do WMS proporciona a redução de custos logísticos, obtida por meio da melhoria de desempenho operacional dos colaboradores, por exemplo. Como as atividades estão otimizadas, exige-se menor carga funcional empregada; por conseguinte, reduzem-se os custos com horas extras e contratações emergenciais. Outra vantagem é a simultaneidade que esse sistema proporciona ao usuário, visto que as entradas são alimentadas e atualizadas em tempo real. Dessa maneira, aspectos divergentes são prontamente identificados e ajustados.

Exercício resolvido

O atual e competitivo ambiente empresarial exige que organizações busquem cada vez mais alternativas que facilitem seu gerenciamento. No que tange à logística, esse contexto não é diferente, pois a oferta de serviços adequados é essencial para a sobrevivência e o desenvolvimento da área. Assim, o emprego das TICs é um diferencial competitivo para aquelas que buscam excelência de atendimento. A respeito desse tema, analise as alternativas a seguir e indique correta:

a. O WMS foi desenvolvido em resposta à necessidade de melhoria do fluxo de material em espaços logísticos, como depósitos, armazéns, centros de distribuição ou condomínios.

b. O WMS operacionaliza todas as atividades relacionadas ao fluxo de atividade operacional, bem como as atividades relacionadas ao fluxo de atividade gerencial.

c. Os sistemas informatizados de WMS auxiliam no gerenciamento de operações em armazéns, e seu emprego é restrito a decisões gerenciais.

d. O emprego do WMS viabiliza o aumento de aspectos como precisão informacional de estoque, velocidade, qualidade e produtividade das operações logísticas.

Gabarito: d

Feedback **da atividade**: a alternativa "a" não está correta, pois o WMS é uma resposta à necessidade de melhoria do fluxo de material e de informação em espaços logísticos. A alternativa "b" está incorreta, pois o WMS operacionaliza todas as atividades relacionadas ao fluxo de material (atividade operacional), bem como as atividades relacionadas ao fluxo de informações (atividade administrativa). A alternativa "c" está equivocada, pois os sistemas de WMS são empregados no gerenciamento da operação diária de um armazém; contudo, seu emprego está restrito a decisões operacionais.

Sistemas informatizados, quando empregados em processos logísticos de armazenagem: tornam mais confiáveis e exatas as informações; aumentam a velocidade e a qualidade das atividades realizadas em espaços logísticos; viabilizam o emprego de equipamentos de movimentação automatizados e controlados pelo sistema; possibilitam a utilização de coletores de dados via códigos de barras e a consequente comunicação *on-line* das operações (Banzato, 1998; Arozo, 2003). Um exemplo prático é o incremento da produtividade operacional pelo uso de equipamentos de movimentação automatizados, os quais propiciam ao espaço logístico uma significativa redução dos custos de pessoal, bem como otimizam o processo em comparação com os sistemas tradicionais.

Na Figura 5.5, a seguir, é representado o uso de armazenamento vertical do tipo *hub*, em que os equipamentos de movimentação automatizados realizam as operações de separação, armazenamento e alocação de mercadorias. Observe que essa aplicação viabiliza a atomização de espaço pela verticalização, bem como reduz o emprego de mão de obra.

Figura 5.5 – Uso de equipamento de movimentação automatizado

Macrovector/Shutterstock

De acordo com Arozo (2003), entre as funcionalidades de um sistema WMS constam:

- rastreabilidade das operações (controle de lotes);
- realização de inventários;
- análise e planejamento da capacidade de armazenagem do espaço;
- desenho de *layout* de armazenagem (mapeamento dos locais de armazenagem);
- classificação de cargas/mercadorias;
- preparação e separação de pedidos;
- interface com clientes e fornecedores;
- possibilidade de roteirização.

Detalhamos a seguir como o WMS pode contribuir para a interface com clientes e fornecedores. Quando esse sistema é implantado, permite-se a comunicação entre as partes, por exemplo, desde a emissão e transmissão de uma nota fiscal, pela qual o fornecedor de transporte é notificado de que o pedido está pronto para carregamento; em outro caso, a empresa pode organizar e avaliar a capacidade de seu espaço para o recebimento de uma mercadoria. Outro exemplo é a possibilidade de roteirização pelo sistema WMS. Seus módulos tornam viável controlar rotas e carregamentos de serviços de transporte, bem como agilizar o processo de transmissão de documentação relacionada, como conhecimentos de embarque, manifestos, recebimento da carga (canhoto da nota fiscal) e demais registros de carga.

Perguntas & respostas

O que é rastreabilidade?

Rastreabilidade é um requisito muito importante para as organizações que desejam controlar suas operações. Em processos logísticos, aspectos como rastreabilidade e capacidade de controle sobre as informações (entradas e saídas) referentes a todas as atividades realizadas no processo são muito relevantes, tais como: movimentações, recebimentos, preparação de pedidos e expedições. Considere a seguinte situação prática: o vendedor X emite a ordem de separação AAA. Então, o operador BBB realiza a separação do item XYZ do lote ABC na quantidade de 200 kg no dia 21/05/2021 às 8h. O pedido AAA retorna do cliente por erro de separação. Pela rastreabilidade, é possível identificar quem separou o pedido e, pelo lote indicado, verificar se realmente houve erro de separação ou se o material foi identificado de maneira equivocada no estoque.

Em versões comerciais, as principais categorias de funcionalidades ofertadas são:

- gestão de entradas;
- gestão de localização de unidades de carga;
- gestão e controle de estoque;
- gestão e controle de saídas.

Dessas categorias, contextualizaremos, a seguir, as duas primeiras funcionalidades práticas listadas.

Gestão de entradas

Na gestão de entradas, três operações são gerenciáveis pelo WMS: (1) recebimento, (2) captura de dados e (3) etiquetagem. O recebimento, já estudado anteriormente, compreende a chegada de material ao espaço logístico, quando muitas cargas se apresentam desconsolidadas, ou seja, não paletizadas, o que demanda consolidação para posterior alocação.

Um tipo especial de entrada assumido pelo WMS é a de devoluções de clientes. A sistemática de recebimento segue as mesmas linhas; porém, como se trata de um material sob suspeita, este não pode simplesmente ser lançado no sistema e alocado em estoque, pois há o risco de envio não intencional a outro cliente, gerando novamente uma devolução.

Logo, esse tipo de entrada deve ser registrado em estoque, diferentemente da usual entrada para vendas, por exemplo, que permanece em quarentena até que seja dado o devido direcionamento. Isso implica a alocação no espaço logístico em área de quarentena; no sistema, por exemplo, essa atividade fica caracterizada como "Depósito 1" para mercadoria conforme e "Depósito 2" para mercadoria não conforme.

Outra atividade abarcada pela gestão de entradas é a captura de dados logísticos, que compreende toda classe de dados que podem ser coletados para fornecer ao gestor informações que auxiliem em sua tomada de decisão e caracterizem o estoque em seu atual posicionamento e rastreabilidade. Podem abranger dados referentes ao material estocado, como lotes, peso, validade e data de entrada em estoque. Na Figura 5.6, a seguir, é exemplificada a captura de dados via leitor de código de barra.

Figura 5.6 – Captura de dados com leitor de códigos de barra

A atividade de etiquetagem é complementar à atividade de captura de dados, pois, em seus módulos, um WMS deve permitir a geração de etiquetas de código de barras. É justamente esse código que viabiliza o registro das ações a que uma carga/mercadoria é submetida.

Como temos demonstrado, o WMS, como *software* de gestão de armazéns, possibilita à organização controlar, coordenar e otimizar suas movimentações, processos e operações. Contudo, devemos observar que as funcionalidades podem variar de organização para organização em razão das especificidades das mercadorias e do espaço de armazenamento.

Gestão de localização de cargas

A gestão de localização de cargas pode contar com sistemas informatizados que alocam as cargas/mercadorias conforme o posicionamento mais adequado às características e parâmetros no espaço logístico disponível. Consideram-se aspectos como:

- giro de estoque;
- classificação ABC;
- forma de acondicionamento;
- família de produtos;
- periculosidade;
- *cross-docking*;
- volume.

Na Figura 5.7, a seguir, apresentamos um exemplo de localização de cargas pelo tempo de coleta do pedido no armazém.

Figura 5.7 – Gestão de localização de cargas

Na gestão de localização de cargas reside um dos benefícios do uso de sistemas informatizados WMS: a otimização do espaço de estocagem, pois o sistema sugere a melhor localização para armazenagem de determinado produto no momento de seu recebimento. Isso evita o desperdício de tempo em busca de alocação disponível. A Figura 5.8 ilustra justamente a situação descrita, ou seja, quando uma carga/mercadoria chega, o sistema WMS, conforme critérios de parametrização de carga e capacidade de estoque, indica a baia livre para sua alocação.

Figura 5.8 – Baia para alocação de carga indicada por WMS

Hit1912/Shutterstock

Sistemas informatizados do tipo WMS otimizam as operações por meio do incremento de produtividade, uso eficiente de espaços logísticos e melhoria do emprego dos recursos de movimentação e estocagem (Arozo, 2003). São benefícios acrescidos por Banzato (1998):

- controle operacional;
- redução de tempos de espera;
- redução de tempo pelo emprego de recursos de movimentação;
- otimização da linha de preparação e separação de pedidos;
- estocagem otimizada pela gestão de localização de cargas;
- incremento da capacidade de estocagem.

Outro benefício atribuído ao uso do WMS é a disponibilidade de informação *on-line* acerca da real quantidade de carga/mercadoria em estoque. A principal vantagem dessa especificidade é oferecer dados que embasam decisões logísticas mais céleres (p. ex.:, decisão sobre a necessidade de revisão de *lead times*, sejam de processamento de pedido , sejam de realização de inventário).

Logo, atuar com processos logísticos apoiados por sistemas como o WMS contribui para um melhor nível de serviço, rápido controle do giro de estoque, bem como geração de economia das operações (Banzato, 1998).

Exercício resolvido

O desafio logístico reside em diminuir o tempo decorrente entre a produção de um item e sua demanda por parte do mercado consumidor, de modo a disponibilizar para o cliente o item solicitado quando e onde necessita, nas condições estabelecidas. Assim, o emprego de sistema de gerenciamento de armazéns como o WMS pode ser uma vantagem competitiva ao negócio. Com base nessas informações, analise as alternativas a seguir e indique a correta:

a. A sistemática de recebimento de devoluções segue o procedimento de gestão de entradas, ou seja, é recebido, lançado no sistema e posteriormente alocado em estoque.

b. São exemplos de funcionalidades de um sistema WMS a rastreabilidade das operações e o planejamento da capacidade de armazenagem do espaço logístico.

c. A etiquetagem logística abarca toda classe de dados que podem ser coletados para fornecer ao gestor informações que auxiliem sua tomada de decisão.

d. Na gestão de entradas, podemos encontrar sistemas informatizados que alocam as cargas/mercadorias conforme o posicionamento mais adequado às características e parâmetros do espaço logístico disponível.

> **Gabarito**: b
>
> *Feedback* **da atividade**: a alternativa "a" está errada, pois a sistemática de recebimento de devoluções segue as mesmas linhas, porém, como se trata de um material sob suspeita, este não pode simplesmente ser lançado no sistema e alocado em estoque, pois há o risco de envio não intencional a outro cliente, gerando nova devolução. A alternativa "c" está incorreta, pois a descrição dada é referente à atividade de captura de dados logísticos, que compreende toda classe de dados que podem ser coletados para fornecer ao gestor informações que auxiliem sua tomada de decisão e caracterizem o estoque em seu atual posicionamento e rastreabilidade. A alternativa "d" está equivocada, pois é a gestão de localização de cargas em que são alocadas as cargas/mercadorias conforme o posicionamento mais adequado às características e parâmetros no espaço logístico disponível.

Por fim, o WMS tem como objetivo central o gerenciamento do fluxo de material e de informações pelo controle de posições, lote, métricas, entre outras funcionalidades. No que tange às operações de armazenagem, pode auxiliar as organizações a obterem melhores resultados em termos de qualidade dos serviços esperados e desejados pelo mercado.

5.2 Estruturas de armazenagem

Operar com elevada quantidade de cargas/mercadorias é um constante desafio logístico. Diante dessa realidade, a armazenagem pode tornar-se complexa e exigir soluções mais eficientes, que obrigatoriamente atendam aos requisitos de clientes e otimizem o espaço logístico disponível.

Conforme indicamos ao longo desta obra, a armazenagem é o subsistema vinculado à gestão física dos estoques de uma organização. Compreende atividades de guarda, preservação, embalagem, recepção e expedição de materiais. Nesta seção, abordaremos algumas das estruturas empregadas em sistemas de armazenagem.

Fique atento!

No que tange às estruturas de armazenagem, são abarcadas estruturas como (Ballou, 2010):

- porta-paletes;
- *drive-thru*;
- cantilever.

Nesse contexto, otimizações logísticas são sempre necessárias, e muitas são as soluções possíveis para a gestão logística, como evidenciaremos nas seções a seguir.

5.2.1 Porta-paletes

Os **porta-paletes**, estruturas também conhecidas como *pallet racks*, consistem em estruturas metálicas que se destinam à alocação e ao armazenamento de paletes e cargas unitizadas. É caracterizado pela capacidade de verticalização do estoque, aumentando a capacidade de armazenagem da instalação (Figura 5.9).

Figura 5.9 – Estrutura porta-palete

Conforme Ballou (2010), porta-palete é uma estrutura vertical, destinada a organização, alocação e armazenagem de mercadorias em um espaço logístico. Eles podem ser comparados a estantes que acomodam e protegem verticalmente os itens e otimizam o espaço interno disponível. A disposição vertical melhora a gestão de estoque, ao passo que os itens são organizados de modo sistematizado, o que consequentemente facilita sua localização e seu acesso, quando necessário.

O que é?

Paletes são estruturas de madeira, metal ou plástico, empregadas para a movimentação e a unitização de cargas/mercadorias. Em ambientes logísticos como armazéns e condomínios logísticos, o emprego de paletes otimiza as operações de transporte de cargas quando combinado ao uso de equipamentos de movimentação, como paleteiras e empilhadeiras.

5.2.2 Drive-thru

Estruturas de armazenagem do tipo *drive-thru* operam conforme sistemática FIFO (*First in First out*, ou "Primeiro que entra, primeiro que sai"). Nesse tipo de estrutura, os itens são postos por um lado e retirados pelo outro, sempre seguindo a lógica de que os itens que chegaram antes ao depósito devem sair dele também antes dos demais. É o tipo de estrutura indicada para a armazenagem de produtos de baixa seletividade. Logo, são homogêneos e de elevada densidade (quantidade armazenada).

Além disso, essa estrutura é indicada para armazenagem dinâmica de mercadorias que seguem aspectos como lote de produção e uso pela data de entrada em estoque. Como a movimentação segue essa sistemática, esse tipo de estrutura caracteriza-se pela rotação automática da mercadoria armazenada.

Exercício resolvido

Para operar adequadamente em seus múltiplos processos, a organização precisa exercitar o senso da organização. No que diz respeito à manutenção de estoques, essa habilidade é essencial. Assim, estruturas de armazenagem compreendem soluções adequadas à manutenção e organização de espaços logísticos. Com base nessa informação, analise as alternativas a seguir e indique a incorreta:

a. Na estrutura de armazenagem do tipo porta-paletes, a mercadoria é posta por um lado e retirada pelo outro, sempre seguindo a sistemática FIFO.

b. A disposição FIFO otimiza a gestão de estoque, ao passo que os itens são organizados de maneira sistematizada, o que consequentemente facilita sua localização e acesso quando necessário.

c. Estruturas de armazenagem do tipo *drive-thru* organizam seus itens e operam conforme sistemática FIFO (*First in First out*, ou "Primeiro que entra, primeiro que sai").

d. A estrutura de armazenagem porta-paletes tem a capacidade de horizontalização do estoque, aumentando sua capacidade de armazenagem com a utilização de muito espaço do armazém.

Gabarito: c

***Feedback* da atividade**: a alternativa "a" está errada, pois o tipo de estrutura em que os itens são postos por um lado e retirados pelo outro lado, sempre seguindo a sistemática FIFO, são do tipo *drive-thru*. A alternativa "b" está incorreta, pois é a disposição vertical que otimiza a gestão de estoque, ao passo que os itens são organizados de maneira sistematizada, o que consequentemente facilita sua localização e acesso, quando necessário. A sistemática FIFO somente orienta a sequência de organização do material em estoque. A alternativa "d" está equivocada, pois estrutura de armazenagem tipo porta-paletes tem a capacidade de verticalização do estoque, aumentando sua capacidade de armazenagem com a utilização de pouco espaço das instalações.

5.2.3 Cantilever

O cantilever é uma estrutura metálica com extensões semelhantes a braços, sobre as quais o material permanece suspenso. É o tipo de estrutura recomendada para armazenar produtos com formas e pesos variados, como tubos, perfis, chapas de aço e compensados (Ballou, 2010). Além disso, esse recurso é indicado ao armazenamento de itens de grande extensão (comprimento), tais como os citados anteriormente.

Figura 5.10 – Estrutura cantilever

Maksim Safaniuk/Shutterstock

O sistema cantilever tem como característica o emprego de estruturas sólidas, firmes e adaptáveis às múltiplas demandas de armazenamento. Contudo, destaca-se que seu emprego é indicado para produtos a serem estocados e que têm formato irregular ou grande comprimento. Nessas situações, é mais estratégico empregar este tipo de sistema de armazenagem.

5.3 Equipamentos de movimentação

Com o crescimento da atividade logística, também surgiu a demanda por equipamentos de movimentação adequados às características de cargas e estruturas de espaços logísticos. Assim, muitas foram as máquinas desenvolvidas e adequadas às novas necessidades das operações de logística empresarial.

"Os equipamentos podem ser os mais variados, conquanto prestem-se ao exercício de agrupamento, movimentação e transporte" (Keedi, 2011, p. 43). Para movimentar materiais em espaços logísticos, sejam estes centros de distribuição, armazéns ou condomínios logísticos, fazem-se necessários o estabelecimento e o atendimento de critérios para a seleção dos equipamentos a serem empregados.

São critérios para seleção de equipamentos de movimentação conforme Ballou (2010):

- tipo de carga;
- peso da carga;
- dimensão da carga;
- dimensões dos corredores;
- distância a ser percorrida;
- quantidade de movimentos necessários;
- altura da estrutura de estocagem;
- tipo e a qualidade do piso do espaço.

Logo, cada equipamento deve ser escolhido pela comparação de sua capacidade e características com as especificidades da carga/mercadoria e do espaço físico disponível. Um exemplo é o *reach stacker*.

O que é?

O *reach stacker* é um tipo de equipamento utilizado para o empilhamento e a movimentação de contêiner (modelo de empilhadeira frontal) para a carga e descarga de contêineres em terminais. Atingem até 45 toneladas, empilham até sete contêineres de cerca de 12 metros altura e em até três fileiras de profundidade. Observe o equipamento na figura a seguir e como suas características devem estar alinhadas às demandas da carga e do espaço.

Figura 5.11 – Equipamento de carga: *reach stacker*

Os equipamentos, sejam estáticos, sejam de movimentação, demandam investimentos. Assim, é primordial a adequada análise de movimentação, de sua capacidade de atendimento às demandas de mercado e de sua capacidade financeira para suportar mais esse custo logístico.

Normalmente, as organizações optam pelo sistema de aluguel ou *leasing* como modo de redução de custos. Também se observa a alternativa de contratação de serviços particulares para execução dos serviços de movimentação e transporte.

5.3.1 Tipologia de veículos e equipamentos de movimentação

Como temos apontado, a determinação e a escolha de equipamentos de movimentação estão atreladas à relação comparativa das características do equipamento, carga e espaço logístico. Assim, são tipificados alguns modelos de veículos e equipamentos de movimentação que podem ser empregados em processos de armazenagem, como a paleteira.

O que é?

Paleteiras são equipamentos de movimentação fundamentais em operações logísticas, com destaque às de armazenagem; são destinadas ao transporte e à movimentação de material ao nível do piso, sendo sua aplicação indicada para a realização de serviços em pequena distância e em superfície uniforme (Ballou, 2010).

De maneira geral, a paleteira é um equipamento de uso industrial, cuja função abarca o transporte de paletes e cargas leves. Sua principal característica estrutural são dois garfos fixos e resistentes que permitem a movimentação e a elevação de cargas dentro do espaço logístico.

Seu emprego visa facilitar o transporte, o manuseio e o armazenamento de cargas/mercadorias, além de auxiliar nas operações com empilhadeiras, pois assim há maior disponibilidade desse equipamento para a realização de atividades que demandem maior capacidade de elevação e para o transporte de maiores cargas. Trata-se de um equipamento de fácil operação; contudo, não se descarta a necessidade de capacitação para sua operação. Seu custo de aquisição e manutenção é baixo (quando comparado à compra de uma empilhadeira), o que lhe confere uma vantagem em momentos de decisão de compras. Tanto no mercado quanto em chão de fábrica, é conhecida como *carrinho hidráulico*, *transpaleteiras* ou *porta-paletes*. Atualmente, o mercado conta com muitas opções de modelos para compra, mas sempre é necessária a avaliação da aplicação e das cargas a serem transportadas. A seguir, apresentamos quatro modelos comumente encontrados em espaços logísticos.

Paleteira manual

É o tipo de paleteira mais comum e econômica, utilizada em grandes e pequenos espaços logísticos. Como seu nome indica, trata-se de um equipamento de operação manual. Portanto, utiliza a força do operador para a realização das operações. Na Figura 5.12, a seguir, você pode observar o emprego de uma paleteira manual.

Figura 5.12 – Paleteira manual

Em razão dessas características, esse maquinário é empregado no transporte de cargas/mercadorias de baixo peso e em pequenas distâncias. É importante ressaltar que, mesmo sua operação sendo manual, é um equipamento que necessita de capacitação para sua operação, algo previsto nas Normas Regulamentadoras de Segurança do Trabalho.

Paleteira elétrica

Seu emprego também visa facilitar o transporte, o manuseio e o armazenamento de cargas/mercadorias. Contudo, esse tipo de equipamento é mais apropriado ao transporte de cargas/mercadorias em médias distâncias, e de maior carga, ou que pelo emprego de força manual poderiam comprometer a capacidade de trabalho e a saúde do operador. Como a denominação sugere, é um equipamento movido a eletricidade. Como oferece risco, é necessária manutenção por pessoal capacitado. Assim como a paleteira manual, esse tipo de equipamento demanda capacitação específica para sua operação.

Figura 5.13 – Paleteira elétrica

Seu custo é mais elevado se comparado ao de uma paleteira manual, mas é menor quando considerada a compra de uma empilhadeira. Atualmente, no mercado existem muitos modelos que variam em capacidade de carga e de elevação. Entre os benefícios do emprego desse equipamento, constam a possibilidade de realização de atividades em menor tempo, amplitude de manuseio de cargas, redução do esforço humano e boa relação custo-benefício.

Paleteira com balança

Esse modelo de equipamento tem a mesma função das máquinas que apresentamos anteriormente, porém com a vantagem principal e específica de viabilizar maior controle do peso transportado. Isso é possível, pois o equipamento conta com células de cargas que realizam a leitura do peso da carga/mercadoria transportada.

É o tipo de equipamento a ser utilizado quando há necessidade de precisão de peso; sua utilização auxilia no controle de capacidade e sustentação das estruturas de cargas e, consequentemente, na organização do estoque.

Assim como os modelos anteriores, a operação desse modelo requer adequada e registrada capacitação. A vantagem de sua exatidão implica maiores cuidados em seu manuseio, como piso nivelado e regular e constante cuidado e proteção contra choques, pois, como dispõe de células de cargas para a leitura do peso, qualquer interferência pode comprometer a exatidão da leitura. Logo, é um equipamento que demanda custos com calibrações programadas para, assim, assegurar a exatidão de seus controles.

Fique atento!

O modelo de paleteira com balança é muito útil em processos logísticos, pois ele economiza tempo e reduz as operações que demandam movimentação, pesagem e transporte de cargas/mercadorias. Contudo, por contar com células de cargas (que são muito sensíveis), muitas vezes, para assegurar a exatidão do processo, é necessária sua calibração por uma empresa capacitada e autorizada em calibração de massa. A calibração desse tipo de equipamento pode seguir as orientações do fabricante (a cada 12 meses), conforme necessidade da empresa, que pode variar com a frequência de uso, ocorrência de impactos ou preparação para inventários.

Paleteira em aço inox

Tem as mesmas funções que os demais modelos, ou seja, facilita o transporte, o manuseio e o armazenamento de cargas/mercadorias. Contudo, é o modelo mais resistente disponível no mercado, tendo como principal vantagem elevada durabilidade e resistência. O aço presente em sua composição confere ao equipamento a proteção contra corrosão e oxidação, reduzindo custos com manutenção e reparos estruturais, como pinturas. Em contrapartida, é um modelo mais dispendioso.

Empilhadeiras

Exercem influência direta sobre as operações em espaços logísticos, visto que determinam a largura e a altura mínimas para movimentação entre os corredores de armazéns e condomínios logísticos. Logo, impactam diretamente a definição de quantidade de estantes a serem instaladas e a capacidade de armazenagem do espaço (Ballou, 2010). Assim como as paleteiras, seu emprego visa facilitar o transporte, o manuseio e o armazenamento de cargas/mercadorias. Sua principal forma de apresentação é com o contrabalanço e os garfos frontais. Contudo, esse equipamento pode apresentar variações em seus dispositivos conforme as características da carga/mercadoria.

Em ambientes logísticos como armazéns e condomínios logísticos, as empilhadeiras são responsáveis pela movimentação desde as docas até a posição de armazenamento, ou desde a área de produção até o armazém.

Figura 5.14 – Empilhadeira

Tem como características a fácil adaptação a pisos irregulares, a possibilidade de emprego em percursos longos, a capacidade de elevação e movimentação de maiores cargas e a possibilidade de aplicação em serviços externos ao espaço logístico. No entanto, a principal desvantagem, com destaque ao modelo contrabalançado, é o diâmetro de giro, isto é, por causa da presença dos garfos, precisa realizar giros em sua manobra, o que demanda maior espaço para sua circulação e movimentação. Dependendo do modelo de veículo, o espaço de corredor deve ser de 3,5 a 4,0 metros.

Existem, no mercado, vários tipos de empilhadeiras, entre elas: empilhadeiras elevadoras (empilhadeiras contrabalançadas, empilhadeiras retráteis, empilhadeiras trilaterais, empilhadeira lateral etc.), e modelos para o preparo ou seleção de pedidos. Assim como as paleteiras, esse modelo de equipamento necessita de capacitação e reciclagem (atualização de práticas e metodologias) para sua operação, sendo esse item requisito em auditorias de segurança.

- **Empilhadeira frontal, de contrapeso ou contrabalançada**: é o tipo de empilhadeira elevadora ideal para as operações internas e externas ao armazém ou condomínio logístico. São muito empregadas em processos de carga e descarga de caminhões, assim como representado na imagem, em que uma empilhadeira contrabalançada realiza o carregamento de um contêiner.

Figura 5.15 – Empilhadeira contrabalançada

Em sua estrutura básica, emprega-se um contrabalanço em sua parte posterior, o qual estabiliza as cargas transportadas e elevadas. Os modelos comercializados podem ser movidos por combustível (gasolina, gás ou *diesel*) ou por bateria.

- **Empilhadeira retrátil**: é mais leve que a empilhadeira contrabalançada. Sua principal vantagem é oferecer a possibilidade de fazer manobras em espaços menores, isto é, em corredores mais estreitos. Logo, são mais adequadas para o uso interno em espaços logísticos. São empilhadeiras em que o mastro se desloca com a carga e o operador pode se posicionar sentado ou em pé, sobre a empilhadeira. Geralmente apresentam a amplitude de operação em corredores com 3 m de largura. São indicadas para o empilhamento de até 10 m de altura, operando com cargas de até 2.500 kg. Estão disponíveis no mercado muitos modelos desse equipamento.

Figura 5.16 – Empilhadeira retrátil

- **Empilhadeiras trilaterais**: são empilhadeiras voltadas para o trabalho em corredores muito estreitos e para a elevação de grandes cargas. Modelos de mercado apresentam capacidade de elevação superior a 14 metros, o que, para o projeto de armazém, contribui para a otimização de espaço e incremento de capacidade de armazenagem do local. Esse tipo de empilhadeira, além de habilitar o movimento de elevação, pode realizar o deslocamento da carga/mercadoria no sentido horizontal, tanto para girar quanto para colocar/retirar cargas de suas estruturas de estocagem.

Assim como a empilhadeira do tipo lateral, esse modelo não requer que o veículo realize o giro dentro do espaço do corredor, seja para realizar a atividade de estocagem, seja para a de retirada. Esse modelo de empilhadeira pode ser operado em espaços de 1,50 a 1,80 m de largura, acessando, como comentado anteriormente, cargas de até 14 m de altura.

- **Selecionadora de pedidos ou transelevadores**: estruturas desenvolvidas e adaptadas para a atividade de preparação de pedidos. Nesse tipo de estrutura, pelo comando do operador, o material é acessado e separado para a composição de um pedido. A principal vantagem desse tipo de estrutura é acelerar o *picking*, ou seja, a separação. Sua principal área de trabalho é uma plataforma que realiza movimentos no sentido vertical. Podem ser utilizadas em armazéns do tipo *hub*, tanto para o posicionamento de cargas unitizadas quanto para a seleção de itens individualizados pelo operador. Modelos comerciais podem operar em corredores de 1,50 m a 2,15 m de largura, podendo acessar cargas de até 40 m de altura.

Para saber mais

Como explicamos, equipamentos de movimentação desempenham relevante papel no planejamento e na execução de atividades logísticas. Trata-se de um tema muito instigante e em constante atualização. Com certeza, é um assunto que deve ser explorado pelos profissionais da área. Pensando nisso, selecionamos um caso prático para leitura e aprofundamento na temática. Acesse o artigo indicado a seguir para saber mais a respeito:

CULCHESK, A. S. Movimentações e armazenagem de materiais em uma indústria de confecção de camisetas. In: SIMPÓSIO MARINGAENSE DE ENGENHARIA DE PRODUÇÃO. **Anais...**, Maringá, 2010. Disponível em: <http://www.dep.uem.br/simepro/4/files/artigos/1283878921.pdf>. Acesso em: 22 maio 2021.

5.4 Armazéns inteligentes

Muitos são os desafios postos à área logística, seja por capacidade de responsividade, seja por qualidade em serviço prestado ou, ainda, por manutenção da competitividade em logística empresarial. Esse contexto está levando muitas organizações atuantes nesse ramo a repensarem suas atuais estruturas. Nesse sentido, os armazéns e condomínios logísticos com maior frequência optam pela transformação de suas instalações em armazéns inteligentes e automatizados.

O que é?

Armazém inteligente é aquele que combina o uso de sistemas automatizados com a gestão otimizada de um sistema informatizado como o WMS. Conforme Ballou (2010), a automação logística compreende a aplicação de *softwares* ou máquinas automatizadas que auxiliam na melhoria da eficiência das operações em espaços logísticos.

De modo geral, nesse processo, há a aplicação de tecnologia da informação em operações realizadas dentro de armazéns ou condomínios logísticos.

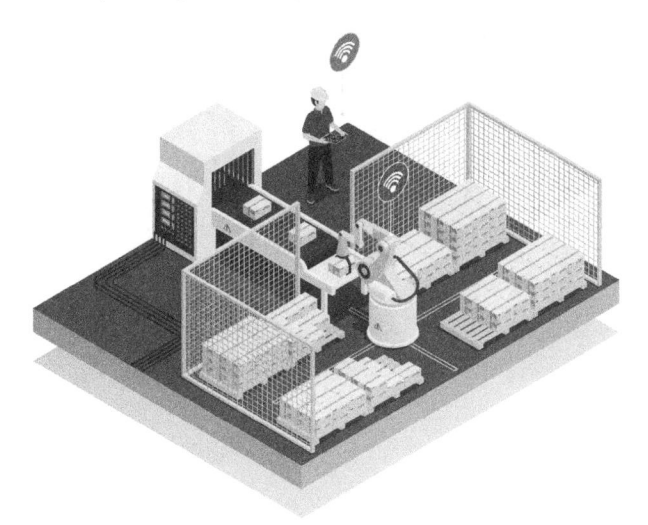

Figura 5.17 – Espaço logístico inteligente

Os sistemas de automação logística são complementares aos sistemas informatizados. Assim, a adoção de sistemas de gestão informatizados, aliados a ferramentas automatizadas para execução de processos logísticos, pode implicar a eliminação de tarefas e controles manuais.

Armazéns inteligentes são uma realidade muito presente e em constante crescimento, pois as organizações atuantes no campo logístico têm a sua disposição um número cada vez maior de soluções inteligentes para seus atuais e futuros desafios logísticos. A tendência é que as operações logísticas sejam mais rápidas e eficientes; e as TICs contribuirão para as análises de dados e a otimização dos processos.

A previsão é de que a logística necessite cada vez menos de interferência humana, graças à conexão direta entre sistemas, dispositivos, equipamentos e veículos. Caberá ao futuro profissional de logística estar preparado e atento ao enfrentamento de tais desafios, unindo aspectos de informatização e automação capazes de atender demandas por incrementos de produtividade e redução de falhas operacionais.

Figura 5.18 – Minimização da interferência humana na logística

Como exemplo prático, podemos citar a Amazon, que une aplicação de inteligência artificial e automação. Sua estrutura conta com 45 mil robôs distribuídos em 20 CDs. Atualmente, são esses robôs que realizam o controle de estoque e movimentação de mercadorias (Centros..., 2019).

5.4.1 Business intelligence aplicada à logística

Business intelligence (BI) é o processo tecnológico que envolve geração, análise e compartilhamento de dados, informações e práticas inteligentes. Tal processo pode apoiar gestores e gerentes em seus processos de tomada de decisão.

De maneira prática, o BI possibilita aos gestores a rápida visualização da situação de dada atividade ou negócio por meio de dados e informações coletados e organizados. Trata-se, portanto, de um recurso prático, rápido e moderno para avaliação (medição e monitoramento) do desempenho de dada organização.

A aplicação do BI em processos logísticos é fator crucial ao eficiente alcance de resultados, visto que o setor logístico é constantemente desafiado a atuar com excelência, responsividade e assertividade. Logo, sem o apoio de ferramentas tecnológicas, tais resultados são praticamente inviáveis.

Sob esse viés, o BI aplicado à logística viabiliza a otimização de processos, a redução de custos, o monitoramento de etapas das cadeias de suprimentos, a melhoria do nível de serviço e, por fim, o destaque mercadológico da organização.

São exemplos de benefícios do BI:

- **Identificação de falhas**: o emprego de BI elimina a execução de processos manuais, o que reduz a possibilidade de erros nas atividades logísticas desempenhadas. Em condomínios logísticos, o BI impacta na qualidade do serviço ofertado, ao mesmo tempo em que se evitam prejuízos decorrentes de atrasos ou interrupção de serviços.

Assim, é premente que as organizações repensem o apego a processos obsoletos e complexos que não agregam valor a suas operações – como uma transportadora que não tem um sistema de rastreio de cargas/mercadorias, e opta pelo controle manual. Nesse caso, esta tem de

monitorar suas entregas via ligações ou mensagens a seus motoristas. Esse movimento gera desperdício de tempo, retrabalho, e não habilita a geração de informações temporais e confiáveis.
- **Simplificação de estratégias de roteirização**: com o emprego do BI, estratégias de roteirização são facilitadas, uma vez que os sistemas informatizados determinam as melhores rotas a serem seguidas. Assim, evitam-se problemas como: consumo excessivo ou desnecessário de combustível; trânsito por vias em más condições ou de elevado índice de criminalidade; atrasos de entrega e, consequentemente, insatisfação com o serviço ofertado.
- **Informação em tempo real**: por meio do BI, dados e informações são coletados e organizados com mais rapidez e segurança, sendo disponibilizados de forma interativa e assertiva ao gestor, que não mais depende de terceiros para acessar os processos demandados.
- **Monitoramento de operações**: pelo BI, é possível monitorar operações logísticas e gerenciar dados em tempo real. Mediante esse recurso, os gestores conseguem formular previsões mais adequadas e precisas, identificando problemas e demandas de mudanças no planejamento, reduzindo custos e aprimorando suas operações.

Estudo de caso

O presente caso aborda a implantação do sistema WMS em uma empresa brasileira, atuante no segmento de produtos alimentícios.

A Beta é uma empresa varejista atuante no ramo de produtos alimentícios, situada na região metropolitana de Porto Alegre, Rio Grande do Sul, estando entre as maiores empresas do segmento no Brasil. Seu portfólio de produtos é constituído por mais de 300 itens de diferentes marcas, atendendo, atualmente, mais de 20 mil clientes por mês.

O centro de distribuição (CD) da Beta tem mais de 8 mil metros quadrados construídos, com capacidade de armazenagem para 6 mil paletes. Sua estrutura dispõe de 10 docas para expedição e recebimento, contando com um quadro funcional de 120 colaboradores alocados em três turnos de operação. Além disso, conta com uma área de separação, outra para conferência dos volumes separados, e um espaço de espera para volumes aptos a expedição. São recebidos no CD da Beta mensalmente cerca de 20 mil paletes com produtos, movimentando em média 13 mil toneladas por mês na forma de material expedido para os diversos e dispersos clientes.

Marcus, coordenador de logística da empresa, participou de um evento sobre armazéns e condomínios logísticos, no qual identificou a necessidade de organizar os estoques da empresa de modo a potencializar seu desempenho em relação à concorrência.

Uma das soluções apresentadas no evento foi o planejamento de armazenagem, movimentação dos estoques e disposição dos produtos com auxílio de sistemas informatizados de controle, os quais auxiliariam na minimização de custos e melhoria no processo de entrega.

Em suas observações, o profissional tomou conhecimento da utilização bem-sucedida do sistema de administração de materiais, WMS em CDs como ferramenta auxiliar na melhoria do nível operacional.

Assim, depois de fazer muitos levantamentos e consultar especialistas da área, Marcus concluiu que:

- O WMS não é um modismo de empresários, mas uma ferramenta essencial na rotina em operações de movimentação e armazenagem de materiais.
- O WMS pode ser relevante ao gerenciamento do armazém da Beta e impactar positivamente suas operações.

Em razão desse evento, a implantação do WMS passou a ser uma constante nas pautas da Beta e, nesse sentido, a empresa passou a orientar seus esforços para a identificação de alternativas a essa demanda, uma vez que sua ausência poderia converter-se em desvantagem ao negócio.

Assim, após o diagnóstico empresarial realizado, houve um consenso dos envolvidos de que essa demanda deveria ser orientada ao processo de implantação de um WMS.

Diante do caso exposto, reflita sobre tal processo de implantação, seus impactos, benefícios, dificuldades e limitações. Apresente as possíveis conclusões desse processo, discutindo suas especificidades.

Resolução

A implantação de um sistema WMS representa uma oportunidade de expansão para muitos empreendimentos, e oferece novos desafios para quem já tem um empreendimento consolidado, como é o caso da empresa Beta.

Após análise e reflexão sobre as operações da Beta com vistas às estratégias, modalidades e desafios da implantação de um sistema WMS, podem ser arrolados os seguintes aspectos:

- Aumento da precisão da informação dos estoques, diminuição do emprego de mão de obra, e melhoria no nível de atendimento de seus clientes. Além disso, o sistema pode gerar uma base de dados capaz de colaborar para a construção de melhores informações ao desempenho de suas operações.
- Auxílio na otimização da atividade de armazenagem ao viabilizar a organização do espaço, o fluxo e a distribuição de cargas/mercadorias recebidas e expedidas pela Beta.
- Gerenciamento de informações com elevada qualidade, controle e acurácia. Abarca a otimização de atividades de recebimento, a inspeção, o endereçamento, a armazenagem, a separação, a embalagem, o carregamento, a expedição, a emissão documental e o inventário.

- Incremento da precisão informacional do estoque, da velocidade e da qualidade das operações logísticas da Beta, bem como da produtividade tanto de colaboradores quanto de equipamentos empregados.
- Controle das informações, antes executadas manualmente pelo operador, passa a ser realizado, controlado, integrado e gerenciado por esse sistema. Com isso, elimina-se o excesso de processos documentais, minimizando a ocorrência de erros, aumentando a velocidade das operações e proporcionando uma maior exatidão informacional da empresa.

Assim, com a adoção do WMS na Beta, verifica-se o potencial de melhoria do fluxo de material e de informação dentro de seu espaço logístico. Tratando-se, portanto, de um sistema que visa à redução de custos, à melhoria operacional e ao incremento do nível de serviço prestado.

Dica 1

Espaços logísticos como armazéns e condomínios devem ser vistos como unidades de negócio que geram receitas, custos e despesas. Nesse viés, ainda existem muitas estruturas com pouca ou nenhuma gestão, podendo desencadear problemas, principalmente no âmbito financeiro.

O vídeo indicado a seguir é uma produção da Siacon em seu webinar "Gestão e Finanças". Nessa produção, a convidada Guida Michelon explica como tais espaços podem se tornar competitivos. Analise as concepções expostas no webinar e avalie se as ponderações da especialista podem ser empregadas ou apresentam aderência ao caso em foco.

SIACON – Soluções para Fazendas e Armazéns de Grãos. **[Webinar] Armazém na ponta do lápis.** 9 jul. 2020. Disponível em: <https://www.youtube.com/watch?v=GhZcnmvfksM>. Acesso em: 23 maio 2021.

> **Dica 2**
>
> Assista ao vídeo específico da operacionalização e módulos de um sistema WMS; observe as funcionalidades apresentadas e como elas podem auxiliar a empresa Beta em suas atividades e operações logísticas.
>
> TELECOM SISTEMAS. **Treinamento WMS**. 29 maio 2020. Disponível em: <https://www.youtube.com/watch?v=dXS2V3tb6YA>. Acesso em: 23 maio 2021.

Síntese

- O WMS, ou *software* de gestão de armazém, é uma ferramenta empregada no controle, na coordenação e na otimização de movimentações, processos e operações de espaços logísticos como armazéns e condomínios logísticos.
- As funcionalidades de um sistema informatizado como o WMS podem variar conforme o fluxo de material e informação. Assim, ele deve ser projetado em seus módulos de modo a atender às necessidades da carga/mercadoria, bem como do espaço logístico disponível.
- O WMS proporciona relevante redução de custos com mão de obra, visto que reduz o emprego de equipamentos para a realização da mesma quantidade de movimentações, quando comparado ao emprego de equipamentos de movimentação automatizados.
- No que tange às operações de armazenagem, o WMS é um exemplo de aplicação das TICs que pode converter simples ações em resultados relevantes, garantindo a qualidade do serviço solicitado pelo mercado.
- O WMS possibilita redução de custos logísticos, incremento do nível de serviço logístico prestado, otimização do espaço físico, além de elevada acurácia informacional.

- Os equipamentos empregados em espaços logísticos, sejam estáticos, sejam de movimentação, são muito importantes para as atividades logísticas. Sem eles, muitas atividades seriam mais dispendiosas e demoradas.
- A escolha de equipamentos para auxílio em operações logísticas, com destaque à armazenagem, deve considerar aspectos como: capacidade e características do equipamento; características da carga/mercadoria; características do espaço logístico.
- A movimentação e a armazenagem são operações complexas e de relevante importância ao processo logístico. O adequado controle da movimentação e do transporte, nesse espaço, é essencial à manutenção de suas atividades e competitividade empresarial. No entanto, para que isso seja possível, são necessários equipamentos adequados.
- Armazéns inteligentes correspondem às atuais estruturas de armazéns e condomínios logísticos; porém, com o emprego da tecnologia da informação e processos de automação. O objetivo é atuar cada vez mais de forma automatizada, visando ao ganho de produtividade, à eficiência e à diferenciação no mercado.

Relevância de custos logísticos em armazéns

Conteúdos do capítulo

- Custos logísticos em armazéns: definição e tipificação.
- Indicador de desempenho logístico: conceito e aplicação.
- Vantagens e benefícios dos indicadores.

Após o estudo deste capítulo, você será capaz de:

1. analisar o gerenciamento de custos e monitoramento de indicadores quanto a sua relevância competitiva;
2. definir custos logísticos;
3. tipificar e diferenciar custos logísticos relacionados a armazéns;
4. reconhecer a importância da mensuração e do controle de indicadores logísticos como fonte de vantagem competitiva;
5. aplicar indicadores logísticos e reconhecer suas vantagens.

Neste capítulo, apresentamos os principais conceitos e terminologias relacionados aos temas de custos e indicadores logísticos, que compreendem relevantes aspectos em cadeias de suprimento. Tendo como fundamentos os estudos a respeito dos condomínios logísticos, esses aspectos são abordados com base em seu impacto nas operações e atividades desenvolvidas dentro desse espaço. Exploramos tais aspectos em subtemas menores, mas relevantes para a temática maior, como caracterização e tipologia.

capítulo 6

6.1 Custos logísticos

Diante da constante demanda por redução de custos e melhoria do nível de serviço disponibilizado, as organizações investem cada vez mais e direcionam seus esforços à otimização de operações logísticas que contribuam para tais demandas.

Ao longo desta obra, reiteramos que a logística é a área do conhecimento que se ocupa do estudo da movimentação e da armazenagem de produtos para que estes estejam disponíveis no local e no momento certo para o atendimento da demanda de clientes, pelo menor custo possível e com a máxima qualidade de serviço.

Segundo Ballou (2010), a logística corresponde ao processo de planejamento, implementação e controle do fluxo de produtos e serviços ao longo de suas múltiplas operações: planejamento, gestão, transporte, inventário, embalagem e distribuição.

Também demonstramos que, na armazenagem, a logística desempenha, entre outras funções, o controle do espaço logístico para conservar o estoque, sua localização estratégica, o *layout* e a capacidade de restituição do material estocado.

Christopher (2011) lista cinco variáveis que contribuem para a geração de valor e a redução de custos:

1. **Crescimento de receita**: uma adequada ação logística pode impactar positivamente o volume de faturamento de uma empresa. Isso é possível pela prestação e pelo fornecimento de um serviço superior no que diz respeito à confiabilidade e à fidelização de clientes.
2. **Redução de custos operacionais**: quando há um adequado planejamento das operações logísticas, é possível minorar custos operacionais em transporte, manuseio, movimentação, estocagem e armazenagem.
3. **Eficiência de capital fixo**: quando há a racionalização de recursos destinados à distribuição e às instalações, reduzem-se os investimentos em ativos fixos. Tal eficiência também pode ser obtida com a terceirização, por exemplo, com o compartilhamento de espaços logísticos como os condomínios logísticos.
4. **Eficiência de capital de giro**: aqui o impacto logístico pode ser obtido pelo enxugamento da cadeia de suprimentos. A redução de capital de giro é fruto de uma menor complexidade de operações e atividades, o que aumenta o giro de estoque.
5. **Minimização de impostos**: ato de buscar operações, atividades e práticas que demandem menor incidência de tributação, como imposto predial, imposto sobre o combustível e tarifas aduaneiras. Um exemplo disso é a escolha de localização de centros de distribuição, cuja região oferece uma tributação menor.

Como mostrado na Figura 6.1, a seguir, a logística pode gerar receitas, na medida em que atua como elemento de diferenciação organizacional e gera impacto nos custos provenientes de suas operações. Nesse sentido, a logística pode afetar os resultados de uma organização, pois esta pode influenciar nos rendimentos operacionais, visto que estes são resultantes da receita menos os custos.

Figura 6.1 – Relevância logística

EFICIÊNCIA

Rapidez Qualidade Custos

No que tange à receita proveniente das operações logísticas, Christopher (2011) menciona a conta **Caixas/Recebíveis**, na qual, quanto mais curto o tempo de ciclo de pedido, mais rapidamente se processa o faturamento para a organização. O estudioso acrescenta que, se não se dedicar atenção a essa conta, podem ocorrer problemas como adiamento de prazos de pagamento decorrentes de erros de emissão documental. Por exemplo, um cliente que recebe uma fatura errada solicita sua correção e não efetua o pagamento até a data de vencimento planejada, gerando um atraso no recebimento de tal recurso financeiro.

Rey (1999) reforça que a logística é uma das atividades com maior potencial de diferenciação competitiva e, por isso, é ponto relevante na formação de custos. A autora também recomenda que, para a mensuração do desempenho da função logística, é necessário dispor, como marco referencial, das métricas genéricas que qualquer organização utiliza, ou seja, os **parâmetros seminais da contabilidade**.

6.2 Definição de custos logísticos em armazéns

Em logística, duas formas de custeio podem ser empregadas: (1) custo temporal e (2) custo monetário. Segundo Christopher (2011) e Nogueira (2012), o **custo temporal** é aquele relacionado ao tempo e à estrutura necessários para a obtenção de um resultado financeiro; já o **custo monetário** diz respeito ao esforço financeiro (gastos) necessário para viabilizar os resultados esperados.

Fique atento!

Conforme Christopher (2011), todo investimento realizado, seja em tempo, seja em valor monetário, está sujeito a perdas, que na logística podem ser classificadas em **concretas** e **abstratas**.

Perda concreta corresponde a qualquer tipo de avaria, dano, excedente, desperdício ou obsolescência gerada ou detectada durante as atividades e operações logísticas. Essa classe de perda é de fácil mensuração e controle, visto que incide sobre bens tangíveis. Já **perda abstrata** refere-se a aspectos e processos intangíveis, como ociosidade (equipamento, pessoas, filas de espera, gargalos etc.). Nesse tipo de perda, são necessários estudos de monitoramento para sua detecção, o que torna sua mensuração um pouco mais complexa. Tanto perdas concretas quanto abstratas podem ser mensuradas e controladas por indicadores de desempenho.

Na Figura 6.2, está ilustrada uma perda concreta muito comum em processos de armazenagem. Esse tipo de perda ocorre quando as embalagens, em decorrência de condições inadequadas, podem ser danificadas, o que pode gerar perda de material, necessidade de reembalagem e retrabalho logístico.

Figura 6.2 – Exemplo de perda concreta

goir/Shutterstock

Um dos principais fatores limitantes do estudo de custos em logística é o enfoque, pois, muitas vezes, os levantamentos se concentram exclusivamente em aspectos relacionados à distribuição; nesse caso, são desconsiderados os demais aspectos logísticos, visto que a contabilidade tradicional não foi desenvolvida com esse intuito. Assim, o estudo sobre custos logísticos deve abranger todos os custos envolvidos no atendimento do cliente ao longo do fluxo de material. Além disso, tem de viabilizar a análise de custos e de receitas de forma específica conforme cliente, segmento ou canal de distribuição. Portanto, mesmo sendo uma prática levar em consideração as médias, é recomendada a análise em específico a fim de evitar conclusões parciais e não representativas (Christopher, 2011; Nogueira, 2012).

A análise de custos se configura como relevante aspecto da gestão logística. Avaliar custos pode auxiliar no alcance de objetivos organizacionais. Contudo, a literatura evidencia a falta de informações sobre a determinação dos custos logísticos.

Christopher (2011) arrola os seguintes custos e os relaciona ao segmento logístico:

- **Custo proveniente das vendas**: abrange os gastos com a equipe de vendas no que tange aos salários, às despesas de deslocamento, aos gastos com visitação, à gestão da carteira de clientes, às políticas de desconto, às comissões etc.
- **Custos de processamento de pedidos**: envolve os gastos com a mão de obra direta empregada na realização dessa atividade.
- **Custos com embalagens**: corresponde aos gastos decorrentes da proteção das mercadorias.
- **Custo de manutenção de estoque**: compreende o custo relacionado a atividades e operações realizadas a fim de manter as mercadorias *stand by* (paradas e em condições) em espaço logístico até sua venda. Observe a Figura 6.3, a seguir, e imagine o custo de manutenção de estoque para manter esse volume até a sua disposição ao cliente.

Figura 6.3 – Estoque em armazém logístico

- **Custo de transporte**: abarca gastos relacionados a veículos de transporte (combustíveis, manutenção, tributação etc.).
- **Custo de documentação e comunicação**: reúne gastos administrativos, com emissão de nota fiscal, rastreio de cargas e veículos, módulos de sistemas informatizados etc.

- **Devoluções e recusas:** refere-se a gastos decorrentes de trocas de produtos, custas com fretes de volta (devolução) ou cancelamento dos pedidos.

Em síntese, custo logístico é todo dispêndio em tempo e recurso financeiro (dinheiro) empregado nas atividades e operações organizacionais para que se possa disponibilizar o produto ou serviço no momento certo e nas condições acordadas.

6.3 Tipificação dos custos logísticos em armazéns

Custo logístico é um dos assuntos mais interessantes e importantes do panorama logístico, pois é um fator que interfere na tomada de decisão da gestão. No geral, o custo logístico assume posição relevante na determinação do custo final de um produto. Em logística, existem alguns custos com movimentação, armazenagem, estoque ou estocagem (relacionados diretamente ao tema deste livro), transporte, processamento de pedidos, embalagem, impostos e encargos administrativos.

Fique atento!

O custo de armazenagem está atrelado à necessidade de armazenamento de cargas/produtos, sendo aplicado para a obtenção de estruturas que propiciem adequada armazenagem.

Ballou (2010) destaca que a armazenagem é uma operação essencial à atividade logística, acrescentando que seus custos podem comprometer de 12% a 40% dos gastos de uma organização. Logo, uma empresa que não conta com uma gestão eficiente de armazenagem pode ter todos os seus produtos incompatíveis com os da concorrência porque até 40% de seus gastos comprometem seu faturamento.

É crescente a importância desse custo, visto que acompanha a tendência de maior exigência por serviços de qualidade. Cada vez mais, o mercado demanda variabilidade, disponibilidade, agilidade e qualidade de produto, sem a ocorrência de erros. Em outras palavras, de nada adianta disponibilizar ao público um produto de qualidade superior se não há a entrega no tempo certo ou em condições adequadas.

Figura 6.4 – Práticas geradoras de custos com armazenagem

É conveniente assinalar que o termo *armazenar* implica a disponibilidade de espaço, recursos e fluxo de atividades necessárias ao adequado acondicionamento de material, evitando-se perdas (roubo, extravio, danos, perda de validade etc.). Logo, os custos com armazém se relacionam com a estrutura, envolvendo aluguel de prédio, depreciação de prédio próprio, custo das operações (equipamentos, manutenção, sistemas informatizados e automatizados), tributação incidente e mão de obra relacionada, tal como ilustrado na Figura 6.4. Portanto, todo conjunto do universo logístico, como propriedades, instalações e equipamentos de manuseio, é resultado dessa linha de custo logístico e tem impacto significativo sobre os resultados de uma organização (Christopher, 2011).

Para saber mais

Conforme explica Maurício Lima, no texto recomendado a seguir, os custos de armazenagem abarcam o acondicionamento de bens e sua movimentação, como aluguel, mão de obra e depreciação de equipamentos. Já os custos referentes aos bens compreendem o custo financeiro de estoque e os gastos com suas perdas, sendo classificados como de estoque.

LIMA, M. Os custos de armazenagem na logística moderna. **Ilos**, 10 jan. 2000. Disponível em: <https://www.ilos.com.br/web/os-custos-de-armazenagem-na-logistica-moderna>. Acesso em: 22 maio 2021.

Logo, **custo de armazenagem** é o custo da estrutura necessária para operacionalização do estoque que se localiza dentro de um armazém ou condomínio logístico. Tendo isso em vista, o custo de armazenagem engloba fatores como:

- **Características de recebimento**: volume por família de produto, condições e modal de transporte, características da carga (formato padrão ou especial) etc.

- **Características de estocagem**: quantidade por palete, capacidade de empilhamento, condições ambientais requeridas (temperatura e umidade relativa do ar) etc. Por exemplo, uma carga refrigerada demanda um custo maior de armazenagem do que aquela que não necessita.

- **Características de seleção de pedido**: volume de pedido, lotes por pedido, modal de transporte, taxa de atendimento de pedido e tempo de atendimento.

- Operações de etiquetagem, reembalagem, mão de obra direta, equipamentos e demais operações indiretas (supervisão, manutenção, limpeza, combate a pragas, avaliação de validade etc.).

Os custos de armazenagem, em sua maioria, são fixos e proporcionais à capacidade instalada do armazém ou condomínio logístico. Assim, quanto mais material é armazenado, maiores são os gastos. Mesmo que o espaço esteja vazio ou apresente pouca movimentação, o custo de armazenagem é sempre fixo; logo, não é afetado pela demanda (quantidade de produtos guardados).

Perguntas & respostas

Custo de armazenagem e custo de estoque são equivalentes?

Não, há diferenças entre eles. O custo de armazenagem diz respeito à questão estrutural (aluguel do armazém, mão de obra, empilhadeira, porta-palete), já o custo de estoque tem relação com o tempo necessário para guardar os bens produzidos até sua venda. Logo, o primeiro é algo tangível, o outro é o custo da obsolescência, do roubo, da perda, do extravio, da avaria. Imagine um estoque de cimento e pense no custo de estoque necessário para a manutenção de um ambiente seco, com risco de perda do que está armazenado. Observe que estes são separados: há o custo do espaço e o custo para manter o ambiente.

O controle **do custo de estoque** é fundamental no que tange à qualidade do serviço logístico prestado. Para que tais custos sejam reduzidos, é relevante a realização de adequado planejamento de compra/produção que evite a formação de estoque extra e a consequente concentração de material.

De acordo com Christopher (2011), o estoque é, sem dúvida, um dos principais itens de controle logístico. Sabendo-se que a logística gerencia esse setor desde a matéria-prima até o item acabado, seu impacto financeiro é relevante para as organizações. Assim, as empresas devem definir estratégias que viabilizem a adequada operação e a concomitante minimização de grandes volumes de estoques, pois, quando há a compra/produção de determinado item em excesso, seu excedente fica em estoque, representando "dinheiro parado". Em outras palavras, o custo financeiro do estoque está atrelado ao tempo que esse excedente permanece guardado, isto é, o gasto é resultado da manutenção desse espaço até a venda ou disposição do item em estoque. Em suma, a receita da organização tende a cair quando se elevam os custos de estoque decorrentes da necessidade de manter os materiais guardados por mais tempo.

Por outro viés, o custo de estoque é variável, pois depende da quantidade de produtos guardados. Desse volume resultam as necessidades de movimentação, as quais, em sua maioria, são inconstantes.

Assim, os custos de armazenagem compreendem três grupos principais: (1) custo com armazém (aluguel, luz, tributação, conservação etc.), (2) custo com mão de obra (salários, tributação e encargos) e (3) custo com manuseio de estoque (empilhadeira, palete, separadores etc.).

Exercício resolvido

Assegurar uma adequada gestão em custos é fundamental para manter os processos organizacionais eficientes e contribuir para o alcance de bons resultados, que viabilizem a condição competitiva da organização. Na área logística, também é importante conhecer as categorias de custos que existem em suas operações. Sobre custos logísticos, analise as alternativas a seguir e indique a correta.

a. O custo de armazenagem é fundamental no que tange à qualidade do serviço logístico prestado, compreendendo o custo de manutenção até a venda ou disposição do item ao cliente.

b. No que tange à tipologia de custos, o custo temporal é o tipo de custo relacionado com o esforço financeiro (gastos) necessário para viabilizar a obtenção de resultados desejados.

c. Perda concreta é a perda relacionada a aspectos e processos intangíveis. Nesse tipo, são necessários estudos de monitoramento para sua detecção.

d. Custo de armazenagem e custo de estoque não são equivalentes. Eles compreendem custos separados, havendo o custo do espaço e o custo da manutenção de tal espaço.

Gabarito: d

Feedback **da atividade:** a alternativa "a" não está correta, pois o custo relacionado à qualidade do serviço logístico prestado e que compreende o custo de manutenção até a venda ou disposição do item ao cliente é o custo de estoque, e não o custo de armazenagem. A alternativa "b" está incorreta, pois o custo relacionado ao esforço financeiro (gastos) necessário para viabilizar os resultados desejados é o custo monetário. O custo temporal é aquele relacionado ao tempo e à estrutura que possibilita um resultado financeiro. A alternativa "c" está equivocada, pois a perda relacionada a aspectos e processos intangíveis que demandam estudos de monitoramento para sua detecção é a concreta.

O **custo com transporte** abarca todas as despesas relacionadas com materiais internos e externos à empresa. Pode significar até 7% do valor final de um produto, pois as despesas com transporte podem representar mais que 50% dos custos logísticos. Gomes (2004) ressalta que os custos com transporte podem chegar a dois terços dos custos logísticos de uma organização. Não acompanhar ou não realizar uma adequada gestão desse tipo de custo resulta em baixo desempenho operacional. Logo, os indicadores mostram-se uma ferramenta efetiva à mensuração de atividades logísticas.

Fique atento!

Custos logísticos constituem um relevante elemento para as organizações, principalmente para aquelas cujo negócio principal é o fornecimento de tais serviços. No que diz respeito aos armazéns e condomínios logísticos, estes podem ser identificados em aspectos como: estoques e inventários, embalagens, movimentação, armazenagem e planejamento operacional (Faria; Costa, 2005).

O custo logístico começa a ser construído na embalagem, cujo desenvolvimento ou definição normalmente não está sob responsabilidade da área logística. Por exemplo, uma embalagem que tenha significativo volume de ar em seu interior tende a ocupar um maior espaço no transporte e na armazenagem. Consequentemente, tal espaço é pago sem agregar valor. Esse é, portanto, um custo logístico muitas vezes negligenciado, porém, muito relevante ao tema de custos em armazenagem.

O processamento de pedidos também contribui para a formação de custos logísticos, pois neles são abarcados aspectos como o atendimento ao cliente, a administração de pedidos etc.

É importante destacar que o inventário se caracteriza como o custo de estoque que não é expresso no Demonstrativo de Resultado do Exercício (DRE), aparecendo somente no Balanço Patrimonial, não sendo, portanto, um custo operacional. Entretanto, é recomendado seu monitoramento para se verificar constantemente a diminuição ou não do custo de inventário, pois tal índice impacta diretamente o custo de capital de giro do armazém.

Fique atento!

É interessante adotar uma gestão de custos logísticos que seja consoante aos objetivos e às metas da organização. Considere a seguinte situação: uma empresa de sucos localizada na margem esquerda de determinada região tem sua armazenagem localizada na margem direita da mesma região. Isso significa um custo elevado pelo fato de a produção e a distribuição ocorrerem em regiões diferentes. Em certo lugar se efetua a produção do suco e o abastecimento do caminhão. O veículo necessita se movimentar muitas vezes para armazenar o suco produzido, gerando um custo maior para a empresa.

Como essa organização poderia minimizar tal custo?

Uma alternativa seria a adoção de dutos para ligar as margens. Isso facilitaria as operações de produção, distribuição e armazenagem.

6.4 Indicador de desempenho logístico

Conforme Dornier et al. (2000), cadeia logística compreende três grandes grupos de atuação: (1) a **logística de distribuição**, (2) a **logística de produção** e (3) a **logística de suprimentos**. A última é a que prevalece nos ambientes em foco nesta obra, os armazéns e condomínios logísticos.

Para iniciar nossa abordagem sobre os indicadores de desempenho, é válido citar a célebre frase de W. Edwards Deming: "Não se gerencia o que não se mede". Na prática, em armazéns, a medição é voltada ao faturamento, ao número de caixas expedidas e à quantidade de volume operado. Esses são dados importantes, mas que não traduzem a real *performance* de um armazém, ou seja, sua produtividade, sua eficiência.

A avaliação do desempenho logístico é um fator determinante na elaboração de metas e na obtenção de maior competitividade organizacional por meio da melhoria em processos e redução de custos logísticos. Assim, medir o desempenho logístico é fundamental para o gestor, sendo comum o emprego de indicadores-chave de desempenho ou *Key Performance Indicators* (KPI).

Para compreender o que realmente está ou não está funcionando corretamente na logística de uma organização, é necessário medir, dimensionar e analisar as informações mais relevantes de suas operações. Essa análise serve para identificar se os resultados são satisfatórios, bem como auxiliar na tomada de ações corretivas direcionadas à resolução de problemas que possam estar impactando o andamento do processo logístico.

Já discutimos as quatro grandes atividades em operações logísticas em armazéns e condomínios logísticos: o recebimento, a armazenagem, a separação e a expedição. Adiante, explicamos o que são **sistemas de indicadores de desempenho logístico** em armazéns e como estes podem contribuir para a redução de custos e melhorar a produtividade do setor.

O que é?

Sistemas de indicadores de desempenho correspondem ao conjunto de métricas utilizadas para indicar como está funcionando uma operação/organização. Tais sistemas devem conter critérios mensuráveis que abarquem aspectos financeiros e não financeiros, além de acompanhar a estratégia empresarial (Miranda, 2000).

Os indicadores de desempenho são uma alternativa importante para as organizações que desejam medir e acompanhar suas operações. Na área logística, como em qualquer outra, é recomendado o uso de indicadores como forma de controle da situação atual e para projeção futura.

Fique atento!

Segundo Faria e Costa (2005), indicadores de desempenho servem para sustentar as estruturas de um processo de gestão. No que tange à logística, esses indicadores são essenciais para o adequado controle de medidas que relacionem tempo, lugar, quantidade, qualidade e custos.

Ângelo (2005) ressalta a necessidade de atenção constante aos indicadores para que estes sejam efetivamente úteis e adotados pelos gestores em seus processos de tomada de decisão. Sem o emprego de indicadores de desempenho, é mais difícil observar problemas organizacionais; consequentemente, a tomada de decisão fica prejudicada pela carência de informação. Sem eles, as decisões têm de ser pautadas em intuição e improviso.

É importante destacar que indicadores de desempenho representam dados quantitativos e qualitativos provenientes de processos organizacionais, que refletem o alcance de metas e objetivos em suas múltiplas áreas, como Marketing, Recursos Humanos, Finanças, Produção e Logística.

Hronec (1994) equipara os indicadores de desempenho de uma organização a sinais vitais que qualificam e quantificam os resultados de processos. Os KPIs são métricas usadas para medir e acompanhar os resultados logísticos de uma organização, sendo formados por dados relevantes, provenientes de determinados cenários sob monitoramento, indicando situações que demandam atenção.

Os indicadores de desempenho são utilizados para medir a *performance* das operações de uma organização, seja no âmbito setorial, seja no global. Como é sabido, a cadeia logística engloba inúmeros processos que devem ser gerenciados, pois refletem diretamente no nível de serviço entregue ao cliente.

Neste ponto, surge a seguinte questão: Como tal gerenciamento é ou pode ser realizado? Justamente pelo uso de KPIs. Outra pergunta que emerge, então, é: Qualquer processo logístico pode dispor de KPIs? Sim. Por exemplo, o estoque pode ser desdobrado nos indicadores de **giro de estoque**, que medem o nível de rotatividade do estoque para, assim, possibilitar a identificação de uma administração adequada ou inadequada. Se há compra de itens que estão sendo utilizados, quanto tempo esses itens ficam parados? É a análise dos dados provenientes dos KPIs que subsidia um ajuste de administração do estoque.

Fique atento!

O uso de indicadores pode refletir tanto a produtividade quanto a evolução de processos. Quando são levados em conta indicadores relativos à produtividade, seu cálculo é individual, considerando a variável de controle dividida pelo número de horas trabalhadas. Por exemplo: itens movimentados/hora/homem.

Atualmente, existe um vasto portfólio de indicadores que podem ser aplicados em diferentes mapas de processos e em diferentes modelos de organização. Nesta seção, não abordaremos indicadores estratégicos de logística (OTIF – On Time In Full, que significa entregar ao cliente o produto correto no prazo esperado –, cobertura de estoque etc.), mas apresentaremos indicadores operacionais.

Como registramos até o momento, a mensuração de resultados implica a medição, sob o ponto de vista quantitativo, do desempenho logístico de uma organização ou de um processo específico. Conforme preconiza Nogueira (2012), existem cinco tipos de indicadores:

1. **Estratégia**: mensura o quanto a empresa está no caminho certo.
2. **Produtividade**: avalia a eficiência de operações e pessoas.
3. **Qualidade**: mede a eficácia de operações e pessoas.
4. **Efetividade**: analisa a forma de fazer "a coisa certa da maneira certa".
5. **Capacidade**: mede a capacidade de resposta de um processo.

O que é?

Eficiência é a relação entre o resultado alcançado e os recursos usados. Já a **eficácia** é atingida quando as atividades planejadas são executadas e os resultados esperados são atingidos.

Segundo Ângelo (2005), os indicadores de desempenho logístico auxiliam no monitoramento da qualidade das atividades logísticas interna e externamente. Esses indicadores podem ser definidos da seguinte maneira:

- **Interno**: classe de indicador que monitora o desempenho de processos internos como: giro de estoque; ruptura de estoque; pedidos perfeitos; tempo de ciclo do pedido; estoque disponível para venda; acuracidade de estoque; utilização das capacidades de estoque; pedidos por hora; custo por pedido; custos de movimentação e armazenagem; tempo médio de permanência do veículo de transporte; utilização dos equipamentos de movimentação; coletas no prazo e utilização da capacidade de carga de caminhões.
- **Externo**: classe de indicador que monitora o desempenho dos serviços prestados pelos parceiros (fornecedores) da organização como: entregas realizadas dentro do prazo; tempo de ressuprimento; entregas devolvidas parcial ou integral; recebimento de produtos dentro das especificações de qualidade; e atendimento do pedido realizado.

6.4.1 Aplicação de indicador de desempenho

É recomendado que os indicadores sejam aplicados às atividades executadas dentro do armazém ou condomínio logístico. Isso porque, se há a necessidade de gerenciamento, este deve ser realizado considerando-se as atividades operacionais e os aspectos de qualidade. A seguir, apresentamos exemplos de indicadores de desempenho que podem ser utilizados ao longo das operações de espaços logísticos:

- **Recebimento**: refere-se à primeira etapa dentro de um armazém ou condomínio logístico, em que normalmente não se observam indicadores, mas que pode fornecer relevantes dados, como informações sobre a eficiência da atividade.
- **Agenda de recebimento**: reflete a pontualidade dos fornecedores.
- **Produtividade de recebimento**: indica quantos itens/hora/homens estão sendo movimentados no espaço logístico, ou seja, a velocidade com que a atividade é realizada.

Fique atento!

É importante a medição dos itens recebidos, pois, assim, assegura-se que os colaboradores se concentrem nas cargas, e não em sua complexidade, no ato do recebimento. Esse indicador também pode ser denominado *produtividade operador recebimento*.

Esse índice inicial é muito importante porque auxilia na definição de métricas dos demais indicadores, ou seja, determina sua cadência. Por exemplo, certa produtividade de recebimento deve atender à produtividade das demais atividades de forma a garantir a cadência e a fluidez das operações, evitando-se esperas no armazém.

A ocorrência de não conformidades reflete a quantidade de problemas detectados na operação de recebimento. Por exemplo, se, no recebimento de uma mercadoria, for detectada divergência entre os dados da nota fiscal e da ordem de compra (item faltando ou sobrando), essa não conformidade deve ser quantificada, podendo ser monitorada por fornecedor, o que pode impactar seu índice de qualificação. É importante destacar que os indicadores de recebimento podem ser monitorados automaticamente via sistemas WMS (tema abordado em capítulo anterior), compondo seu painel de gestão.

6.4.2 Armazenamento

Concluído o recebimento, tem início o armazenamento (Figura 6.5). Nessa etapa, também há indicadores de produtividade, mas que dizem respeito à armazenagem e suas movimentações. Por exemplo, um indicador de produtividade é a quantidade de palete/hora/homem armazenado. Geralmente, são consideradas métricas adequadas para o indicador, como de 20/30/40 (palete/hora/homem).

Figura 6.5 – Armazenagem de matéria-prima em sacarias

Reiteramos que o emprego de indicadores como esse atuam sobre a cadência das atividades do armazém ou condomínio logístico, pois é importante saber se há capacidade de armazenar na mesma velocidade com que se recebe. Enfatizamos, contudo, que tal produtividade pode variar conforme o *layout* do espaço e os dispositivos de movimentação empregados. Esse indicador também recebe o nome de *produtividade operador de empilhadeira*.

6.4.3 Picking

Na etapa de *picking*, são fundamentais a medição e o monitoramento da produtividade da atividade de separação. Sobre o nível de produtividade em que é operado o *picking*, alertamos que comumente se utilizam indicadores como quantidade de itens expedidos, mas isso não retrata a produtividade, e sim outra situação.

Para gerenciar a produtividade de um armazém, recomendam-se a medição e o monitoramento em itens/hora/homem. Por exemplo, considerando a situação ilustrada na Figura 6.6, a seguir, em vez de mensurar quantas caixas foram separadas pelo operador, é recomendável monitorar o tempo gasto por ele para preparar o pedido.

Figura 6.6 – Picking

Esse indicador auxilia na realização de comparação entre a produtividade alcançada e a produtividade das demais operações. Essa dinâmica pode variar de organização para organização, muito em função do tipo e das características dos itens (p. ex.: em centros de varejo cujos corredores mudam segundo as características dos produtos; logo, na seção de cereais tende a ser observado um nível produtividade e, na seção de bebidas, outro). Esse indicador também é chamado de *produtividade do separador*.

6.4.4 Ressuprimento ou reabastecimento

Trata-se de uma etapa muito interessante, pois é raro que uma operação tenha a parte de ressuprimento medida, ou seja, que reabasteça o *picking*. Pode-se aplicar a medição de produtividade em itens/hora/homem. Também é um indicador balizador de cadência operacional. Por exemplo, se há a separação de 10 paletes/hora/homem, é necessário reabastecer o *picking* na mesma velocidade ou volume.

Fique atento!

Outro indicador importante é o que verifica a ocorrência de não conformidades. Observe que, quando se realiza o *picking* e não se localiza determinado produto, essa não conformidade somente ocorreu por falta de reabastecimento, que caracteriza o indicador de endereços vazios. Este reflete a qualidade do ressuprimento.

6.4.5 Conferência

Uma vez finalizado o *picking*, parte-se para a conferência, que, em alguma medida, consiste em um retrabalho, uma perda. Logo, as etapas anteriores devem ser eficazes a fim de se evitar essa etapa. Nesse sentido, uma medição relevante na conferência é a ocorrência de não conformidades detectadas na etapa, ou seja, não conformidades do *picking* (erros cometidos, operador de separação responsável, total de pedidos com erros etc.). Por isso, esse processo pode ser chamado de *auditoria do picking* (total de caixas auditadas corretas/total de caixas auditadas).

Figura 6.7 – Impacto para o consumidor causado por erro de separação

Na Figura 6.7, está representado um erro de separação não detectado em auditoria do *picking*. Esse tipo de erro tende a ser comum em processos de separação manual. Atualmente, com o investimento em automatização de processos desde o cadastro do item em estoque, tal evento tem apresentado significativa redução. No entanto, processos ainda exclusivamente manuais demandam auditorias de *picking* como forma de detecção de erros de separação. Ratificamos que essa etapa não agrega valor, somente implica o incremento de custo da operação, mas pode evitar desgastes com clientes/consumidores, o que impacta até mesmo a relação com esse ator e a imagem da empresa.

Fique atento!

Na expedição, é muito comum a adoção do **indicador D+1**. Consideremos um exemplo de aplicação: o cliente fez o pedido em 1º de junho de 2021, chegando ao armazém no dia seguinte e sendo expedido em 2 de junho de 2021. Assim, mede-se o tempo decorrido para o processamento do pedido dentro do armazém ou condomínio logístico. Esse indicador também pode ser encontrado na forma de produtividade do expedidor, representado pelo total de itens embarcados/hora/homem.

No indicador de produtividade *all in*, é realizada a determinação da produtividade total do armazém, evitando-se que sejam avaliadas apenas operações isoladas e assegurando que seja analisado o todo. Esse indicador considera os itens processados (recebidos + expedidos)/horas trabalhadas.

É importante enfatizar os indicadores de qualidade de armazéns. Sobre esses recursos, podemos afirmar que a acurácia reflete como são controlados todos os processos internos, isto é, como o armazém, em suas operações, garante que o estoque físico corresponda ao estoque contábil.

De forma prática, opera-se com índices de acurácia a partir de 97%, sendo um indicador diretamente vinculado ao valor agregado do produto. Em armazéns com produtos de baixo valor agregado, há margem para uma perda maior, pois a perda gerada não será maior que o valor do produto (Nogueira, 2012).

Perguntas & respostas

Como devem ser selecionados os indicados a serem adotados em determinada operação?

Para evitar um excesso de indicadores, recomenda-se que o gestor selecione de três a cinco. Contudo, estes podem ser desdobrados em outros indicadores de controle.

Os indicadores citados até este ponto do capítulo são cotados para o monitoramento da produtividade. Convém, então, abordarmos aqueles indicados para as práticas comuns em armazéns ou condomínios logísticos e que representam a cadência das operações do espaço e permitem uma medição mais quantitativa do que qualitativa.

No Quadro 6.1, são apresentados e explicados outros indicadores que podem ser utilizados em armazéns e condomínios logísticos. Sua escolha e sua adoção sempre devem estar alinhadas com os objetivos e metas de cada organização.

Quadro 6.1 – Indicadores logísticos

Indicador	Descrição	Cálculo
Taxa de atendimento (%)	Mede o percentual de pedidos atendidos considerando-se a quantidade e a qualidade esperadas.	Total de pedidos atendidos/Total de pedidos expedidos
Entregas no prazo (%)	Mede o percentual de entregas realizadas no prazo correto.	Entregas realizadas no prazo/Total de entregas
Tempo da doca ao estoque (horas)	Tempo necessário para movimentação da mercadoria da doca de recebimento até sua armazenagem física.	Tempo da doca ao estoque ou disponibilização do item para a venda
Stock outs, ou ruptura de estoque, (R$)	Mensuração das vendas perdidas em função da indisponibilidade do item solicitado.	Receita não realizada devido à indisponibilidade do item no estoque
Custo por pedido (R$)	Rateio dos custos operacionais do armazém pela quantidade de pedidos expedidos.	Custo total do armazém/Total de pedidos atendidos
Tempo médio de carga e descarga (horas)	Mensuração do tempo de permanência dos veículos de transporte nas docas de recebimento e expedição.	Hora de saída da doca/Hora de entrada na doca
Utilização equipamento de movimentação (%)	Mensuração da utilização dos equipamentos de movimentação disponíveis em uma operação de movimentação e armazenagem.	Horas em operação/Horas disponíveis para uso
Coletas no prazo (%)	Determinação do percentual de coletas realizadas no prazo acordado.	Coletas no prazo/Total de coletas

Fonte: Elaborado com base em Nogueira, 2012.

Outro KPI bastante utilizado na logística é o **tempo de espera**, que não compreende somente o tempo de espera entre a solicitação do cliente até a entrega a ele, mas também o tempo que uma informação leva para chegar a todas as interfaces envolvidas em determinado processo. Isso pode refletir, conforme a demora, na entrega do produto ao cliente, sendo esse um indicador de fácil adaptação a todos os setores (p. ex.: tempo de espera para um motorista carregar a carga em seu veículo).

Entre os indicadores financeiros relacionados às operações em armazéns e condomínios logísticos, destacam-se:

- **Custo caixa recebida**: esse indicador auxilia no monitoramento do valor da caixa recebida, ajudando o gestor a compreender o que está ocorrendo com o custo de entrada. É representado pelo total de compras em unidade monetária/total de caixas recebidas.

- **Custo caixa expedida**: esse indicador evidencia o valor dos itens unitizados faturados, ajudando o gestor a compreender e avaliar como os custos dos itens podem impactar o negócio. É representado pelo total de faturamento em unidade monetária/total de caixas expedidas.

Exercício resolvido

A análise dos dados gerados por indicadores permite o acompanhamento e a gestão do desempenho das atividades organizacionais. Do ponto de vista logístico, a mensuração de resultados implica a medição quantitativa do desempenho de todas as atividades envolvidas em suas múltiplas operações. Sobre a tipologia de indicadores logísticos, analise as alternativas a seguir e indique a correta:

a. A etapa de conferência é essencial para o processo logístico, visto que pode evitar que muitos problemas permaneçam e, na pior das situações, atinjam o cliente.

b. O indicador logístico produtividade de recebimento reflete quantos itens/hora/homem são movimentados no espaço logístico, ou seja, a velocidade com que a atividade ocorre.

c. O indicador logístico tempo da doca ao estoque mensura o tempo de permanência dos veículos de transporte nas docas de recebimento e expedição.

d. Na etapa de ressuprimento ou reabastecimento, é guardado material para auxílio das atividades de *picking*.

> **Gabarito**: b
>
> *Feedback* **da atividade**: a alternativa "a" não está correta, pois a conferência é um retrabalho, uma perda. Logo, as etapas anteriores têm de ser eficazmente realizadas a fim de se evitar essa etapa. A alternativa "c" está incorreta, pois o indicador logístico tempo da doca ao estoque, na verdade, mensura o tempo necessário para movimentação da mercadoria da doca de recebimento até sua armazenagem física. A alternativa "d" está equivocada, pois na etapa de ressuprimento ou reabastecimento não é guardado material para auxílio das atividades de *picking*. Isso ocorre apenas na etapa de armazenagem.

6.4.6 Vantagens e benefícios dos indicadores

Quando são considerados todos os fatores listados nas seções anteriores, processos de tomada de decisão tendem a ser mais assertivos, o que impacta a qualidade e a eficiência das operações logísticas. Uma logística bem-estruturada, planejada, gerenciada e monitorada oferece diversas vantagens para as organizações, entre elas:

- **Mais qualidade e clientes satisfeitos**: com um gerenciamento bem-organizado e bem-planejado, as organizações obtêm uma vantagem competitiva, ou seja, um diferencial em relação à concorrência. Um serviço de qualidade é imprescindível para conquistar a fidelização de clientes.

- **Redução de ocorrência de reclamações**: a redução das reclamações por problemas de entregas resulta em menores gastos com infraestrutura de atendimento. Portanto, quanto melhor e mais organizado é o serviço logístico, menor é o número de ocorrências de reclamações e maior é a satisfação dos clientes.

Ainda há muitos modelos de gestão que se pautam na eliminação de gastos para reduzir custos, e não na realização de novos investimentos. Não raro se ouve de muitos gestores a seguinte frase: "Não será realizado investimento porque estamos reduzindo custos". O que muitos não observam é que determinados custos, na verdade, são investimentos que podem gerar retornos muito maiores, inclusive como resultado da organização. Esse erro é muito comum quando não se realiza uma análise do todo.

Fique atento!

É importante observar dados e indicadores sistematicamente para identificar oportunidades de melhoria. Por exemplo, investir em um TMS (sigla para Transportation Management System, ou Sistema de Gerenciamento de Transporte) para automatizar processos na logística é uma melhoria muito bem-vinda e que auxilia no crescimento das organizações, representando um investimento que pode gerar retorno positivo em pouco tempo.

Nesse contexto, a conta é simples: menos prejuízo e mais lucro; afinal, menos atrasos e menos erros equivalem a uma menor ocorrência de custos desnecessários, aumentando os lucros. Os custos logísticos representam parcelas significativas das vendas de uma organização, a depender da mercadoria do segmento. Muitas vezes, os gastos logísticos são maiores que a margem de lucro do produto. Por isso, qualquer ação que vise à redução desses gastos representam o aumento dos lucros.

No que diz respeito à maior produtividade, uma das frases mais utilizadas em processos de gestão é "Temos que fazer mais com menos". Entretanto, como se pode fazer mais se muitas vezes as organizações não dispõem de informações precisas para identificar o que tem de ser melhorado? Com bons indicadores, é mais simples a identificação dos pontos de melhoria, mais relevantes ao negócio da empresa. Na Figura 6.8, elencamos os principais aspectos a serem pontuados na definição de KPIs.

Figura 6.8 – Elementos de um KPI

| Objetivo | Mensuração | Otimização | Estratégia | Performance | Avaliação |

Trueffelpix/Shutterstock

O exposto é respaldado por Rey (1999), que destaca que sistemas de avaliação de desempenho devem ser elaborados em consonância com o planejamento estratégico. A estudiosa informa que os indicadores logísticos refletem o desempenho em custo, produtividade, qualidade e tempo. Seguindo a mesma linha de raciocínio, Moreira (2006) afirma que os processos e atividades mensuradas devem estar alinhados e sincronizados com as questões estratégicas da organização.

Conclui-se, assim, que uma gestão requer invariavelmente a mensuração, e que os indicadores de desempenho logísticos atuam como elementos essenciais para a gestão operacional, a redução de custos e a melhoria do nível de serviço ofertado.

Exercício resolvido

Medir é uma necessidade para uma adequada gestão. Empregar indicadores de desempenho é um modo de mensurar o que se quer administrar e gerenciar com base em informações. Assim, indicadores de desempenho auxiliam na análise do alcance de objetivos e metas. Sobre indicadores de desempenho, analise as alternativas a seguir e indique a correta:

  a. Os indicadores de desempenho logístico podem ser classificados em internos e externos. É um exemplo de indicador externo o tempo médio de permanência do veículo de transporte.

> b. Indicador de produtividade é aquele que mensura a eficácia de operações e pessoas, e indicador de qualidade é aquele que mensura a eficiência de operações e pessoas.
> c. Uma logística bem-estruturada, planejada, gerenciada e monitorada oferece diversas vantagens para as organizações, como uma melhor qualidade e maior satisfação dos clientes.
> d. Em modelos atuais de gestão, a redução de custos ocorre pela eliminação gastos e despesas desnecessários, bem como pelo corte de novos investimentos e orçamentos.
>
> **Gabarito:** c
>
> *Feedback* **da atividade:** a alternativa "a" não está correta, pois tempo médio de permanência do veículo de transporte é um indicador de desempenho interno. A alternativa "b" está incorreta, pois indicador de produtividade é aquele que mensura a eficiência de operações e pessoas, e indicador de qualidade é aquele que mede a eficácia de operações e pessoas. A alternativa "d" está equivocada, pois determinados custos, na verdade, atuam como investimentos que podem gerar retornos maiores e significativos às organizações.

Para finalizar, reiteramos que os KPIs variam de uma organização para outra, pois devem estar alinhados com suas estratégias. Assim, em uma empresa, o KPI tempo de espera pode ser muito relevante, mas em outra não. Cabe, portanto, a cada empreendimento identificar o KPI mais adequado ao processo que deseja medir.

6.5 Riscos logísticos

A gestão de riscos na logística deve ser abordada sob o ponto de vista da vulnerabilidade e dos riscos que possam comprometer a resiliência das atividades. Logo, toda e qualquer atividade logística requer o gerenciamento dos riscos existentes.

Fique atento!

Em razão dos atentados terroristas de 2011 aos Estados Unidos, muitos foram os estudos que se dedicaram a investigar os riscos logísticos não somente pelo viés da incerteza mercadológica, mas também pelo viés de outras tipologias de risco como: desabastecimento, atentados e outras ações humanas que levem à paralisação de estruturas de fornecimento e, assim, gerem prejuízos econômicos e financeiros.

Assim, a atenção é orientada à integração de cadeias de suprimentos de modo a suportar tais riscos e garantir que estes não comprometam a operacionalização. Logo, as organizações têm percebido a necessidade de gerenciar possíveis ameaças ao negócio sob pena de se encontrarem sem insumos, o que pode inviabilizar o seu processo produtivo. Tal vulnerabilidade leva à compreensão de que a fraqueza pode ser explorada pela parte contrária, podendo ser representada por aspectos que compreendem desde a ausência de rastreamento, a falha em controles de acesso, o uso de embalagens inapropriadas, entre outros fatores.

Conforme Christopher (2011), **o resultado da interação entre a ameaça e a vulnerabilidade é o risco**, cujos exemplos podem ser explosões, entrada e saída de produtos contrabandeados, tráfico etc. O autor propõe um modelo com vistas a auxiliar as organizações logísticas a se tornarem mais flexíveis. Tal modelo leva em consideração as seguintes questões:

- A reengenharia da cadeia de suprimentos por meio de: mapeamento e análise da criticidade do negócio; compreensão da cadeia e suas atividades; registro dos riscos existentes; delineamento de opções reais; estabelecimento dos princípios de *design* da cadeia de suprimentos; observância da eficiência *versus* redundância; definição de estratégia básica de fornecimento; estabelecimento de decisões e critérios de *sourcing*; adequado desenvolvimento de fornecedores.
- Desempenho da cadeia de suprimentos por meio do planejamento colaborativo e da atuação inteligente na cadeia de suprimentos.

- Criação de uma cultura da gestão de risco que estabeleça equipes de continuidade e adoção de uma postura de responsabilidade e liderança orientada.

Estudo de caso

Condomínio logístico é o conjunto de galpões com capacidade de modularização em espaços situados em um único local com o objetivo de oferecer uma infraestrutura compartilhada que ofereça a integração logística e a redução de custos. É, portanto, uma estrutura orientada a atender às necessidades de armazenagem e distribuição de organizações.

O presente caso aborda o processo de implantação de um condomínio logístico na Região Sudeste do Brasil.

O mercado de condomínios logísticos tornou-se muito atrativo aos empreendedores, pois há uma carência na oferta de imóveis desse tipo no Brasil. Poucas são as instalações com localização adequada e estratégica à finalidade de armazenagem.

A Junta Mais Logística é uma empresa que desenvolve e opera suas atividades e operações logísticas na Região Sudeste. No segundo semestre de 2020, projetou a implantação de um condomínio logístico na região, com o intuito de oferecer uma ampla infraestrutura de suporte e vantagens aos usuários.

O condomínio, segundo o projeto, contará com pátios e galpões modulares para locação que atendam à demanda de seus fornecedores e subfornecedores, assim como operadores logísticos e empresas de equipamentos industriais.

Seu espaço será destinado a atendimento de demandas de empresas dos setores secundário (foco industrial) e terciário (prestação de serviços) da Região Sudeste de Brasil. Está prevista a oferta de espaços diferenciados no que tange à área total, ao formato do espaço e às instalações.

O condomínio da Junta Mais Logística disponibilizará módulos a partir de 900 m^2, com estrutura de armazém classe A, ou seja, com pé-direito com 12 m, piso industrial com capacidade de até 8 ton/m^2, estacionamento, pátio de manobra, prédio de apoio e vestiários. Também contará com serviços rateados de segurança com circuito fechado, portaria 24 h, limpeza e manutenção em geral.

Sobre o rateio das despesas entre as empresas locatárias, este é uma das vantagens que o condomínio da Junta Mais Logística oferecerá aos clientes. As despesas serão divididas em partes proporcionais ao tamanho locado dentro de seu empreendimento.

Os contratos de locações da Junta Mais Logística terão vigência entre 5 e 10 anos, e os valores de locação serão cobrados de acordo com o imóvel.

Diante do caso exposto, reflita sobre o processo da Junta Mais Logística com base nas premissas dos condomínios logísticos estudados nesta obra. Apresente os principais aspectos a que a empresa precisa atentar em seu processo de implantação.

Resolução

É possível citar muitos aspectos de convergência à prática da empresa Junta Mais Logística no atinente aos princípios explicitados nesta obra, como as observações que seguem.

Em seu planejamento, a Junta Mais Logística deve escolher uma localidade que seja estratégica ao negócio, ou seja, seu condomínio logístico deve estar localizado numa área de acesso estratégico que ofereça múltiplas possibilidades ao empreendimento, como estar próximo a grandes centros e na maior concentração da Região Sudeste.

Após a definição de sua localização, a Junta Mais Logística deve definir a tipologia de sua estrutura considerando aspectos voltados às necessidades específicas de seus clientes e de seus produtos, sendo possível adotar a tipologia para condomínio logístico modular, não modular, industrial, monousuário, *cross-docking*, misto e *flex*.

A definição do tipo de condomínio também é acompanhada pelo reconhecimento das estruturas de armazenagem e distribuição que poderão ser empregadas no processo logístico dos clientes da empresa. Portanto, com base no fluxo logístico (o transporte, o recebimento, o armazenamento, o processamento, e a distribuição de pedidos), é possível definir a estrutura mais adequada a receber um centro de distribuição avançado, um *transit point*, um *cross-docking*, um *merge in transit* ou um *hub*.

Outro aspecto que deve ser analisado pela organização é a adequação de seu espaço aos requisitos de saúde e segurança do trabalhado, pois, embora compreenda uma das áreas que mais contribui à abertura de postos de trabalho, também é uma das áreas que apresentam os maiores índices de acidentes de trabalho.

Com o fito de maximizar a confiabilidade, a responsividade e a eficiência de seu espaço, a empresa precisará ter clareza sobre seus processos logísticos tanto *inbound* quanto *outbound*. Isso porque, por meio deles, poderá obter importantes *insights* quanto ao desenvolvimento de estratégias racionais e eficientes.

Para complementar as estruturas de *inbound* e *outbound*, a Junta Mais Logística precisará avaliar a necessidade de implantação de sistemas automatizados, como sistemas do tipo WMS.

O emprego de tecnologia nas operações logísticas, seja no âmbito da movimentação de material, seja no de gerenciamento, é, na verdade, uma resposta às demandas de um ambiente dinâmico de negócios, com clientes mais exigentes quanto à qualidade do serviço recebido. Desse modo, a Junta Mais Logística deverá programar mudanças em suas estruturas de armazenagem e distribuição.

Outro aspecto a ser observado pela Junta Mais Logística é a escolha dos equipamentos necessários às operações em seu espaço logístico. Afinal, o adequado controle da movimentação e do transporte, nesse espaço, será essencial à manutenção de suas atividades e à competitividade empresarial. Contudo, para que isso seja possível, são necessários equipamentos adequados.

Por fim, a Junta Mais Logística terá de avaliar seus custos logísticos como dispêndio em tempo e recurso financeiro (dinheiro) empregado em suas atividades e operações, para disponibilizar o produto ou serviço no momento certo, e nas condições acordadas.

Além de tais controles, recomenda-se que a empresa realize o devido monitoramento de seus indicadores, pois não há adequada gestão sem mensuração. Nesse caso, os indicadores de desempenho logísticos atuam como elementos essenciais à gestão operacional, redução de custos e melhoria do nível de serviço ofertado.

Dica 1

Os condomínios logísticos surgiram nos anos 1990 com o intuito de auxiliar o segmento logístico na redução de seus custos e no aperfeiçoamento de seus processos. A partir de então, a busca por esses empreendimentos tem crescido, visto que muitas organizações encontram neles a solução para o suprimento de suas demandas. O vídeo sugerido a seguir é um webinar, de autoria da SiiLa, sobre a experiência específica do tema condomínios logísticos realizado em 14 de maio de 2019, no qual Giancarlo Nicastro, CEO da SiiLA Brasil, apresenta dados e análises do mercado de condomínios logísticos e conta com a participação especial de Bruno Ackermann, vice-presidente de Investimentos Industriais da Brookfield Property Group Brazil.

Analise as considerações feitas no webinar e reflita se as ponderações indicadas podem ser empregadas ou têm aderência ao caso em foco.

SIILA BRASIL. **Webinar SiiLA:** condomínios logísticos. 15 maio 2019. Disponível em: <https://www.youtube.com/watch?v=F9ulqCAXQE0>. Acesso em: 23 maio 2021.

Dica 2

Em mais um webinar da SiiLA Brasil, Stephen Tanenbaum, diretor de gerenciamento e chefe industrial/logística da GTIS Partners, debate o atual momento dos imóveis comerciais logísticos brasileiros junto do CEO da SiiLA Brasil, Giancarlo Nicastro. Tal entrevista foi gravada dentro do Distribution Center Cajamar, empreendimento logístico que seria inaugurado em 2019, em São Paulo.

Assista ao vídeo e observe quais oportunidades e desafios podem ser apresentados à empresa Junta Mais Logística em um processo de implantação de condomínio.

SIILA BRASIL. **Webinar** SiiLA: condomínios logísticos com dados do 3º semestre de 2019. 18 nov. 2019. Disponível em: <https://www.youtube.com/watch?v=OkvfjC81WM4>. Acesso em: 23 maio 2021.

Dica 3

Leia o artigo a seguir para compreender outras propostas envolvidas na análise de estratégias de implantação de condomínios:

KIMIMOTO, C. F.; RELVA, L. C.; REAME JUNIOR, E. Condomínios logísticos: estudo de caso Bauru Business Park. ENCONTRO NACIONAL DE ENGENHARIA DE PRODUÇÃO, 13., **Anais...**, Fortaleza, 2015. Disponível em: <http://www.abepro.org.br/biblioteca/TN_WIC_206_222_26392.pdf>. Acesso em: 23 maio 2021.

Síntese

- O estudo da armazenagem e de seus processos permite compreender como essa operação consegue atender às demandas dos clientes, viabilizando que o produto esteja no lugar e no tempo certos, sempre pelo menor custo possível e com um elevado nível de serviço.

- Toda operação logística incorre em algum tipo de gasto financeiro ou temporal, ou seja, apresenta custos logísticos. Estes devem ser mensurados e controlados de forma a contribuir para a competitividade da organização.
- Os custos de armazenagem referem-se às atividades de acondicionamento e de movimentação de bens, isto é, refere-se à questão física. Já o custo de estoque refere-se diretamente aos bens em termos financeiros.
- Indicador é a ferramenta usada para se mensurar o desempenho de atividades de acondicionamento e de movimentação de bens em uma organização. Tal mensuração é utilizada para medir o alcance de metas e objetivos organizacionais, possibilitando a tomada de ação sobre os resultados não satisfatórios.
- A mensuração de indicadores logísticos deve ter em vista a execução das operações, a mensuração de custos e o nível de qualidade do serviço prestado.
- Os KPIs servem para medir e avaliar o nível de desempenho dos processos logísticos. Sua relevância encontra respaldo na máxima da administração moderna, que preconiza que aquilo que não é medido não pode ser gerenciado.

Considerações finais

O profissional de logística, em sua prática laboral, tem de manipular atividades e operações. Conhecer as estruturas empregadas nas operações logísticas pode, portanto, auxiliá-lo em sua efetiva prática profissional.

Buscando contribuir para a superação desse desafio, optamos por referenciar uma parcela significativa da literatura especializada e dos estudos científicos a respeito dos temas relacionados. Assim, ter conhecimento e domínio de suas correntes e estruturas pode auxiliar o profissional em suas atividades e operações logísticas, bem como potencializar sua *expertise* profissional e diferencial competitivo diante da constante demanda da área por profissionais mais e mais especializados.

Visando elencar os principais tópicos aqui trabalhados, destacamos primeiramente a abordagem apresentada no Capítulo 1, em que a terminologia técnica aplicada ao segmento logístico foi apresentada. Tratamos, por exemplo, de infraestrutura e serviços compartilhados, que visam auxiliar o segmento logístico na redução de seus custos e no aperfeiçoamento de seus processos logísticos.

Nos Capítulos 2 e 3, enfocamos a compreensão e a aplicação dos conceitos terminológicos relacionados aos temas: condomínios logísticos sob a perspectiva da terminologia empregada na gestão de distribuição e suas modalidades. Manter um espaço logístico seguro implica a observação e o atendimento da legislação vigente e específica, bem como a adoção de boas práticas relativas à segurança do ambiente de trabalho.

Já no Capítulo 4, tratamos da estruturação dos condomínios logísticos, sob a perspectiva da logística *inbound* e da *outbound*.

Por fim, nos Capítulos 5 e 6, empreendemos uma incursão teórico-prática no que tange ao emprego de sistemas informatizados em atividades logísticas, possibilitando a obtenção de redução de custos logísticos, incremento do nível de serviço logístico prestado, ótima utilização do espaço físico, além de elevada acurácia informacional.

Também abordamos os principais conceitos e terminologias relacionados às atividades e operações realizadas em condomínios logísticos. Com pretensões essencialmente didático-pedagógicas, expomos um conjunto de exemplos-análise com ênfase na prática do profissional de logística.

Referências

ALBERTIN, A. L. **Comércio eletrônico**: modelo, aspectos e contribuições de sua aplicação. 5. ed. São Paulo: Atlas, 2004.

ALVES, P. L. de L. **Implantação de tecnologias de automação de depósitos**: um estudo de casos. 2000. 186 f. Dissertação (Mestrado em Administração) – UFRJ, Rio de Janeiro, 2000.

AMAZON anuncia 5º centro de distribuição no Brasil com 'expansão extraordinária' do ecommerce. **G1**, 3 set. 2020. Tecnologia. Disponível em: <https://g1.globo.com/economia/tecnologia/noticia/2020/09/03/amazon-anuncia-5o-centro-de-logistica-no-brasil-com-expansao-extraordinaria-do-ecommerce.ghtml>. Acesso em: 21 maio 2021.

ÂNGELO, L. B. **Indicadores de desempenho logístico**. Florianópolis: Gelog-UFSC, 2005.

ARAÚJO, G. M. **Legislação de segurança e saúde ocupacional**. 2. ed. Rio de Janeiro: GVC, 2008.

AROZO, R. Softwares de supply chain management: definições, principais funcionalidades e implantação por empresas brasileiras. In: FIGUEIREDO, K. F.; FLEURY, P. F.; WANKE, P. **Logística e gerenciamento da cadeia de suprimentos**: planejamento do fluxo de produtos e dos recursos. São Paulo: Atlas, 2003.

BALLOU R. H. **Logística empresarial**: transportes, administração de materiais e distribuição física. São Paulo: Atlas, 2010.

BANZATO, E. **Warehouse management system**: sistema de gerenciamento de armazéns. São Paulo: Iman, 1998.

BANZATO, E. et al. **Atualidades na armazenagem**. 2. ed. São Paulo: Imam, 2005.

BARROS, M. **Terceirização logística no Brasil**. Rio de Janeiro: Ilos, 2009.

BOWERSOX, D. J.; CLOSS, D. J. **Logística empresarial**: o processo de integração da cadeia de suprimento. São Paulo: Atlas, 2001.

BOWERSOX, D. J.; CLOSS, D. J.; COOPER, M. B. **Gestão logística de cadeias de suprimentos**. Porto Alegre: Bookman, 2006.

BRASIL. **Anuário Estatístico da Previdência Social**: 2017. Disponível em: http://www.previdencia.gov.br/dados-abertos/dados-abertos-previdencia-social/. Acesso em: 4 maio 2021.

BRASIL. Lei n. 6.514, de 22 de dezembro de 1977. **Diário Oficial da União**, Brasília, DF, Poder Legislativo, 23 dez. 1977. Disponível em: <http://www.planalto.gov.br/ccivil_03/leis/l6514.htm>. Acesso em: 21 maio 2021.

BRASIL. Lei n. 8.213, de 24 de julho de 1991. **Diário Oficial da União**, Poder Exceutivo, Brasília, DF, 25 jul. 1991. Disponível em: <http://www.planalto.gov.br/ccivil_03/leis/l8213cons.htm>. Acesso em: 21 maio 2021.

BRASIL. **Norma Regulamentadora n. 1**: Disposições Gerais. 2019. Disponível em: <https://www.gov.br/trabalho/pt-br/inspecao/seguranca-e-saude-no-trabalho/ctpp-nrs/nr-1>. Acesso em: 22 maio 2021.

BRASIL. **Norma Regulamentadora n. 11**: Transporte, Movimentação, Armazenagem e Manuseio de Materiais. 2016. Disponível em: <https://sit.trabalho.gov.br/portal/index.php/ctpp-nrs/nr-11?view=default >. Acesso em: 22 maio 2021.

BRASIL. **Norma Regulamentadora n. 18**: Condições e Meio Ambiente de Trabalho na Indústria da Construção. 2018. Disponível em: <https://sit.trabalho.gov.br/portal/index.php/ctpp-nrs/nr-18?view=default>. Acesso em: 22 maio 2021.

BRASIL. **Norma Regulamentadora n. 24**: Condições Sanitárias e de Conforto nos Locais de Trabalho. 2019. Disponível em: <https://sit.trabalho.gov.br/portal/index.php/ctpp-nrs/nr-24?view=default>. Acesso em: 22 maio 2021.

BRASIL. Portaria n. 1.186, de 20 de dezembro de 2018. **Diário Oficial da União**, Poder Executivo, Brasília, DF, 21 dez. 2018. Disponível em: <https://www.in.gov.br/materia/-/asset_publisher/Kujrw0TZC2Mb/content/id/56414874/do1-2018-12-21-portaria-n-1-186-de-20-de-dezembro-de-2018-56414816>. Acesso em: 22 maio 2021.

BRASIL. Portaria n. 3.214, de 8 de junho de 1978. **Diário Oficial da União**, Poder Executivo, Brasília, DF, 8 jun. 1978. Disponível em: <https://www.camara.leg.br/proposicoesWeb/prop_mostrarintegra%3Bjsessionid=9CFA236F73433A3AA308220 52EF011F8.proposicoesWebExterno1?codteor=309173&filename=LegislacaoCitada +-INC+5298/2005>. Acesso em: 21 maio 2021.

CECOLIM, A. Condomínios logísticos: flexibilidade de expansão e compartilhamento de custos para operadores. **Revista Mundo Logístico**, Curitiba, v. 39, n. 7, p. 93, 2014.

CENTROS de distribuição mais inteligentes. **Otimis**, 30 jan. 2019. Disponível em: <otimis.com/pt/blog/post/centros-de-distribuicao-mais-inteligentes>. Acesso em: 22 maio 2021.

CHRISTOPHER, M. **Logística e gerenciamento da cadeia de suprimentos**: estratégias para a redução de custos e melhoria dos serviços. São Paulo: Cengage Learning, 2011.

DAMÁSIO, M. M. **Segurança aplicada à logística**. Brasília: NT Editora, 2014.

DELPIM, T. S. M. **Gestão dos processos logísticos**: um enfoque sobre a ótica da controladoria. Rio de Janeiro: Instituto Militar de Engenharia, 2012.

DORNIER, P. et al. **Logística e operações globais**: texto e cases. São Paulo: Atlas, 2000.

DORNIER, P. et al. **Logística e operações globais**: texto e casos. São Paulo: Atlas, 2007.

DUKIC, G.; CESNIK, V.; OPETUK, T. Order-picking Methods and Technologies for Greener Warehousing, Strojarstvo: **Journal for Theory and Application in Mechanical Engineering**, v. 52, n. 1, p. 23-31, 2010.

FARIA, A. C; COSTA, M. F. G. **Gestão de custos logísticos**. São Paulo: Atlas, 2005.

FELIX, C. **Engenharia de segurança do trabalho na indústria da construção**. 2. ed. São Paulo: Fundacentro, 2011.

FLEURY, P. Análise dos condomínios logísticos no Brasil. **Ilos: especialistas em logística e supply chain**, 10 set. 2014. Disponível em: <https://www.ilos.com.br/web/analise-dos-condominios-logisticos-no-brasil/>. Acesso em: 23 maio 2021.

FLEURY, P. F.; WANKE, P.; FIGUEIREDO, K. F. **Logística empresarial**: a perspectiva brasileira. 1. ed. São Paulo: Atlas, 2009.

FRAZELLE, E. **Supply Chain Strategy**: the Logistics of Supply Chain Management. New York: McGraw-Hill, 2002.

GOMES, C. F. S. **Gestão da cadeia de suprimento integrada**: tecnologia da informação. São Paulo: Cengage Learning, 2004.

GONÇALVES, E. A. **Manual de segurança e saúde no trabalho**. São Paulo: LTr, 2008.

GURGEL, F. do A. **Logística industrial**. São Paulo: Atlas, 2000.

HRONEC, S. M. **Sinais vitais**: usando medidas do desempenho da qualidade, tempo e custo para traçar a rota para o futuro da sua empresa. São Paulo: Makron Books, 1994.

HUB NATURA: HUB de cosméticos 100% automatizado de ponta a ponta. Disponível em: <https://www.ssi-schaefer.com/pt-br/setores-de-mercado/healthcare-cosmetics/hub-natura--665612>. Acesso em: 21 maio 2021.

ILOS – Instituto de Logística e Supply Chain. **Condomínios logísticos no Brasil**: a visão dos operadores logísticos. Rio de Janeiro: Ilos, 2013. Disponível em: <https://www.ilos.com.br/web/analise-de-mercado/relatorios-de-pesquisa/condominios-logisticos-no-brasil/>. Acesso em: 20 maio 2021.

JACOBS, F. R.; CHASE, R. B. **Administração de operações e de cadeia de suprimentos**. 13. ed. Porto Alegre: AMGH, 2011.

KEEDI, S. **Logística de transporte internacional**: veículo prático de competitividade. 4. ed. São Paulo: Aduaneiras, 2011.

LACERDA, L. **Armazenagem estratégica**: analisando novos conceitos. Rio de Janeiro: Centro de Estudos em Logística; Coppead/UFRJ, 2000.

LACERDA, L. Armazenagem estratégica: analisando novos conceitos. In: FLEURY, P. F.; WANKE, P.; FIGUEIREDO, K. F. **Logística empresarial**: a perspectiva brasileira. São Paulo: Atlas, 2009.

LAMBERT, D. M. **Administração estratégica da logística**. São Paulo: Vantine Consultoria, 1998.

LIMA, J. R. **Qualidade na construção civil**: conceitos e referenciais. São Paulo, Epusp, 1993.

LOPES, K. F. **Priorização de inbound em centro de distribuição**: estudo de caso em uma empresa de bens de consumo não duráveis. Sorocaba: Universidade Federal de São Carlos, 2015. Disponível em: <https://repositorio.ufscar.br/bitstream/handle/ufscar/8349/LOPES_Karine%20Fasolin_2015.pdf?sequence=1&isAllowed=y>. Acesso em: 22 maio 2021.

MIRANDA, C. R. **Introdução à saúde no trabalho**. São Paulo: Atheneu, 1998.

MIRANDA, N. G. M. de. **O sistema de avaliação do desempenho na cadeia de suprimentos da indústria automobilística brasileira**. 196 f. Tese (Doutorado em Engenharia de Produção) – Universidade do Estado de São Paulo, São Paulo, 2000.

MOREIRA, D. A. **Administração da produção e operações**. 2. ed. rev. ampl. São Paulo: Cengage Learning, 2008.

MOREIRA, D. A. **Dimensões do desempenho em manufatura e serviços**. São Paulo: Pioneira, 2006.

MOURA, R. A. **Manual de logística**: armazenagem e distribuição física. São Paulo: Imam, 1997.

NETTO, A. A.; TAVARES, W. R. **Introdução à engenharia de produção**: estrutura, organização, legislação. Florianópolis: Visual Books, 2006.

NOGUEIRA, A. S. **Logística empresarial**. São Paulo: Atlas, 2012.

NOVAES, A. G. **Logística e gerenciamento da cadeia de distribuição**: estratégias, operações e avaliações. Rio de Janeiro: Campus, 2007.

PEINADO, H. S. **Segurança e saúde do trabalho na indústria da construção civil**. São Carlos: Scienza, 2019.

PERES, C. R. G. **Análise do método de custeio baseado em atividades aplicado à logística de distribuição**. 202 f. Dissertação (Mestrado em Engenharia de Produção) – Universidade de São Paulo, São Paulo, 2006. Disponível em: <https://teses.usp.br/teses/disponiveis/18/18140/tde-07102006-094407/publico/Dissertacao_Peres_Cassiano.pdf>. Acesso em: 20 maio 2021.

PIRES, S. R. I. **Gestão da cadeia de suprimentos (supply chain management)**: conceitos, estratégias e casos. São Paulo: Atlas, 2004.

PIRES, S. R. I; MUSETTI, M. A. Logística integrada e gestão da cadeia de suprimentos. **Revista Produtos & Serviços**, São Paulo, n. 312, edição especial, dez. 2000.

POLETTO, P. A qualidade da oferta do novo estoque de condomínios logísticos com foco na demanda e no cenário econômico atual. **Revista Construção e Mercado**, São Paulo, p. 1-6, 2011.

PORTER, M. E. **Vantagem competitiva:** criando e sustentando um desempenho superior. Rio de Janeiro: Campus, 1989.

POZO, H. **Administração de recursos materiais e patrimoniais:** uma abordagem logística. 6. ed. São Paulo: Atlas, 2010.

REIS, A. et al. Estruturação da logística *inbound* em uma empresa multinacional do ramo farmacêutico. In: SIMPÓSIO DE EXCELÊNCIA EM GESTÃO E TECNOLOGIA, 22., Resende, 2015. Anais... Resende: AEDB, 2015.

RELVAS, M. **Comércio eletrônico**. Curitiba: Juruá, 2005.

REY, M. F. Indicadores de desempenho logístico. **Revista Logman**, v. 30, n.10, p. 18-23, 1999.

RIMOLI, P. C. **Um estudo sobre o recebimento de materiais em uma empresa de grande porte**. 77 f. Monografia (Graduação em Engenharia Mecânica) – Universidade de São Paulo, São Carlos, 2009. Disponível em: <http://www.tcc.sc.usp.br/tce/disponiveis/18/180830/tce-25062010-091920/?&lang=br>. Acesso em: 22 maio 2021.

ROCKMANN, R. Custos para o setor industrial registram alta de 42%. **Valor Econômico**, 24 jun. 2020. Suplementos. Disponível em: <https://valor.globo.com/publicacoes/suplementos/noticia/2020/06/24/custos-para-o-setor-industrial-registram-alta-de-42.ghtml>. Acesso em: 20 maio 2021.

SALIBA, T. M. **Curso básico de segurança e higiene ocupacional**. 2. ed. São Paulo: Editora LTr, 2008.

SALIBA, T. M.; PAGANO, S. C. R. S. **Legislação de segurança, acidente do trabalho e saúde do trabalhador**. São Paulo: LTr, 2009.

VENDRAME, A. C.; GRAÇA, S. A. **Aspectos jurídicos e técnicos:** impacto nas finanças das empresas e reflexos na contratação de empregados e terceiros. São Paulo: LTr, 2009.

VIANA, L. F. E. Condomínios no complexo industrial e portuário de SUAPE-PE. **Informe Técnico do ETENE**. Alagoas, ano 7, n. 5, dez. 2013. Disponível em: <https://www.bnb.gov.br/documents/88765/89729/iis_ano7_n5_condominios_logisticos_complexo_suape.pdf/7b43d8cb-d2e3-4eab-b5da-22f302e7f65a>. Acesso em: 21 maio 2021.

VIEIRA, H. F. **Gestão de estoques e operações industriais**. Curitiba: Iesde, 2009.

VIVALDINI, M.; PIRES, S. R. I. **Operadores logísticos**: integrando operações em cadeias de suprimento. São Paulo: Atlas, 2010.

WALTON, R. E. **Tecnologia de informação**: o uso de TI pelas empresas que obtêm vantagem competitiva. São Paulo: Atlas, 1993.

ZOBER, M. **Administração mercadológica**. São Paulo: LTC, 1969.

Bibliografia comentada

ACKMERMAN, K. **350 dicas para gerenciar seu armazém**: almoxarifado, depósito, centro de distribuição. São Paulo: Imam, 2004.

Esse livro reúne artigos relacionados à temática de logística de armazenagem. Nessas produções, são apresentadas experiências práticas de profissionais da área no ambiente de armazéns logísticos. Entre os temas abordados, constam a gestão de pessoas, a melhoria operacional, o emprego da tecnologia da informação, o uso de ferramentas de qualidade, a estratégia da armazenagem terceirizada e o *layout*.

BALLOU, R. H. **Gerenciamento da cadeia de suprimentos**: logística empresarial. 5. ed. Porto Alegre: Bookmann, 2006.

Essa obra aborda temas relacionados aos processos logísticos, à cadeia de suprimentos e sua relação com a competitividade empresarial. É destinada aos profissionais atuantes na operação logística, incluindo produção, gerenciamento, manuseio, armazenagem e entrega ao cliente. De forma didática, nesse material, são apresentados os principais conceitos, características, vantagens, desvantagens, desafios e oportunidades do segmento.

BRAD, S. **A loja de tudo**: Jeff Bezos e a Era da Amazon. Rio de Janeiro: Intrínseca, 2014.

Esse trabalho foca o caso da gigante varejista Amazon. O livro mostra como o modelo de negócio da organização revolucionou o mecanismo de compra e venda *on-line*. O texto convida o leitor a relacionar o relato de experiência da empresa Amazon, em termos de inovação logística e transporte, com as práticas organizacionais e competitivas existentes no mercado. Um dos intuitos da obra é abordar a temática da otimização logística e os benefícios e vantagens relacionados.

CHRISTOPHER, M. **Logística e gerenciamento na cadeia de suprimentos**. São Paulo: Cengage Learning, 2011.

Esse material destaca a importância e a relevância da gestão da cadeia de suprimentos para a lucratividade e vantagem competitiva das organizações. Em sua produção, o autor apresenta reflexões atualizadas e contextualizadas sobre logística pela perspectiva dos novos modelos de gestão com base em sustentabilidade, flexibilidade e dinamismo mercadológico.

WERNKE, R. **Custos logísticos**: ênfase na gestão financeira de distribuidoras de mercadorias e de transportadoras rodoviárias de cargas, operadores logísticos e empresas com frota própria. Maringá: Mag, 2014.

Nessa obra, discute-se a temática de custos pela perspectiva das operações logísticas. Trata-se de um material organizado em capítulos nos quais são abordados aspectos como o dilema dos desafios operacionais e a gestão de custos logísticos, além da análise e da tomada de decisão nas múltiplas e diferentes atividades logísticas das organizações.

Sobre a autora

Giselly Santos Mendes é graduada em Administração pela Universidade Feevale e mestre em Qualidade Ambiental pela mesma instituição. Já trabalhou como profissional da iniciativa privada na área de gestão e negócios. Atualmente, é docente dos cursos de nível técnico e tecnológico em instituição privada, lecionando as disciplinas do Eixo de Gestão e Negócios.

Os papéis utilizados neste livro, certificados por instituições ambientais competentes, são recicláveis, provenientes de fontes renováveis e, portanto, um meio responsável e natural de informação e conhecimento.

FSC
www.fsc.org
MISTO
Papel produzido
a partir de
fontes responsáveis
FSC® C103535

Impressão: Reproset
Julho/2021